EW@RK

Schriftenreihe

Institut für Energie- und Wettbewerbsrecht
in der Kommunalen Wirtschaft e.V.
an der Humboldt-Universität zu Berlin

Professor Dr. Hans-Peter Schwintowski,
Geschäftsführender Direktor

Band 65

Michael Filipowicz

Der Begriff des Stromnetzes unter besonderer Berücksichtigung moderner Stromspeichertechnologien

Nomos

Onlineversion
Nomos eLibrary

Die Deutsche Nationalbibliothek verzeichnet diese Publikation in der Deutschen Nationalbibliografie; detaillierte bibliografische Daten sind im Internet über http://dnb.d-nb.de abrufbar.

Zugl.: Berlin, HU, Diss., 2021

ISBN 978-3-8487-8682-4 (Print)
ISBN 978-3-7489-3076-1 (ePDF)

1. Auflage 2022

Vorwort

Diese Arbeit wurde im Sommersemester 2021 von der Juristischen Fakultät der Humboldt-Universität zu Berlin als Dissertation angenommen. Die Arbeit berücksichtigt Entwicklungen in der Literatur und Rechtsprechung bis Mai 2021.

Mein besonderer Dank gilt meinem Betreuer Prof. Dr. Hans-Peter Schwintowski für seine Unterstützung, Förderung und Geduld sowie für die Aufnahme in die Schriftenreihe des Instituts für Energie- und Wettbewerbsrecht in der Kommunalen Wirtschaft e.V. Herzlich bedanken möchte ich mich zudem beim gesamten Team des Instituts für Energie- und Wettbewerbsrecht in der kommunalen Wirtschaft e.V. für den stets fruchtbaren und hilfreichen Austausch. Herrn Professor Dr. Gregor Bachmann danke ich für die zügige Erstellung des Zweitgutachtens.

Ganz besonders danken möchte ich zudem Dr. Theresa Bachmann sowie meiner Familie für ihren Zuspruch und ihre Unterstützung.

Berlin, im November 2021 *Michael Filipowicz*

Inhaltsverzeichnis

Teil A. Einführung

§ 1 Problemstellung

Die Notwendigkeit einer wissenschaftlichen Arbeit zum Begriff des Stromnetzes erschließt sich nicht unmittelbar. Der Transport von Elektronen über Leitungssysteme wird in kaum veränderter Form bereits seit vielen Jahrzehnten praktiziert. Aus dem anfänglichen Wettbewerb der technischen Lösungen ging mit dem Wechselstromsystem bald ein siegreiches technisches Konzept hervor, das rasch eine flächendeckende Verbreitung fand und zu einem Grundkonsens hinsichtlich der technischen Gestaltung und der Funktion des so genannten Stromnetzes führte.[1] Das stete Hinzutreten neuer Abnehmer, der Anschluss neuer Kraftwerke und der Zusammenschluss kleiner Leitungssysteme zu größeren Verbundeinheiten begründeten einen immer größeren Standardisierungsbedarf, so dass bis zur zweiten Hälfte des 20. Jahrhunderts Netzkodizes entstanden, welche die funktionalen Anforderungen an das Stromnetz normierten und konkretisierten.[2] Im Jahr 1996 machte die Elektrizitätsrichtlinie 96/92/EG[3] den Begriff *Netz* zu einem zentralen Rechtsbegriff des Energiewirtschaftsrechts. Seither ist das Netz tatbestandlicher Anknüpfungspunkt für die Regulierung der Elektrizitätswirtschaft. Diese verlangt von Netzbetreibern unter anderem, jedermann zu regulierten Entgelten Zugang zu ihren Netzen zu gewähren, ihre Netze bedarfsgerecht auszubauen und den Netzbetrieb von anderen Tätigkeiten zu entflechten. Damit begründet der Begriff *Netz* erhebliche Freiheitsbeschränkungen in Bezug auf das unternehmerische Verhalten und die unternehmerische Organisation von Netzbetreibern. Insbesondere die Verpflichtung zur Entflechtung des Netzbetriebs von anderen Tätigkeiten kann dazu führen, dass Netzbetreiber bestimmte Tätigkeiten faktisch nicht ausführen dürfen. Diese Freiheitseinschränkungen stehen in starkem Kontrast zur geringen Regelungsdichte auf den übrigen

1 Vgl. *Schossig*, in: Dittmann, Überwindung der Distanz, S. 157 ff.

2 Vgl. etwa die Netz- und Systemregeln der deutschen Übertragungsnetzbetreiber von Juli 1998.

3 Richtlinie 96/92/EG des Europäischen Parlaments und des Rates vom 19. Dezember 1996 betreffend gemeinsame Vorschriften für den Elektrizitätsbinnenmarkt, ABl. L 027 vom 30.1.1997, S. 20.

Wertschöpfungsstufen der Elektrizitätswirtschaft. Kraftwerksbetreiber und Elektrizitätshändler unterliegen keiner vergleichbaren Verhaltensregulierung. Sie können ihre Geschäftsbeziehungen und ihre unternehmerische Organisation grundsätzlich frei gestalten.[4]

Seit dem Erlass der Elektrizitätsrichtlinie 96/92/EG sind nun 25 Jahre vergangen. Daher stellt sich die Frage, warum es gerade jetzt einer wissenschaftlichen Abhandlung über den Begriff des Stromnetzes bedarf. Die Antwort erschließt sich, wenn man den juristischen Begriff *Netz* zu definieren versucht. Die Elektrizitätsrichtlinie 96/92/EG und ihre Umsetzung im EnWG 1998[5] enthielten keine Definition des Netzbegriffs.[6] Die Neufassung der Elektrizitätsrichtlinie aus dem Jahr 2003[7] definierte zwar in Art. 2 Nr. 4) und Nr. 6) die Begriffe Übertragungs- und Verteilernetzbetreiber.[8] Sie setzte jedoch dabei den Begriff *Netz* voraus. Die deutsche Umsetzung im EnWG 2005 übernahm diese wenig brauchbaren Netzbetreiberdefinitionen[9] und führte daneben noch einige nationale Sammel- und Sonderbegriffe für bestimmte Unterarten des Netzes ein, die jedoch ausnahmslos ebenfalls den Begriff *Netz* voraussetzten.[10] Die Gesetzesbegründung zu den netzbezogenen Begriffsbestimmungen begnügte sich zumeist

---

4 Eine Ausnahme besteht in Gestalt des Kontrahierungszwangs für Grund- und Ersatzversorger nach §§ 36 ff. EnWG, die jedoch lediglich den jeweils größten Versorger im jeweiligen Gebiet trifft.

5 Gesetz über die Elektrizitäts- und Gasversorgung (Energiewirtschaftsgesetz – EnWG) vom 24. April 1998, BGBl. I S. 730.

6 Siehe Art. 2 der Elektrizitätsrichtlinie 96/92/EG, § 2 des EnWG 1998.

7 Richtlinie 2003/54/EG des Europäischen Parlaments und des Rates vom 26. Juni 2003 über gemeinsame Vorschriften für den Elektrizitätsbinnenmarkt und zur Aufhebung der Elektrizitätsrichtlinie 96/92/EG, ABl. L 176 vom 15.7.2003, S. 37.

8 Ein Übertragungsnetzbetreiber war gemäß Art. 2 Nr. 4) der Elektrizitätsrichtlinie 2003/54/EG „eine natürliche oder juristische Person, die verantwortlich ist für den Betrieb, die Wartung sowie erforderlichenfalls den Ausbau des Übertragungsnetzes in einem bestimmten Gebiet und gegebenenfalls der Verbindungsleitungen zu anderen Netzen sowie für die Sicherstellung der langfristigen Fähigkeit des Netzes, eine angemessene Nachfrage nach Übertragung von Elektrizität zu befriedigen"; ein Verteilernetzbetreiber war gemäß Art. 2 Nr. 6) der Elektrizitätsrichtlinie 2003/54/EG „eine natürliche oder juristische Person, die verantwortlich ist für den Betrieb, die Wartung sowie erforderlichenfalls den Ausbau des Verteilernetzes in einem bestimmten Gebiet und gegebenenfalls der Verbindungsleitungen zu anderen Netzen sowie für die Sicherstellung der langfristigen Fähigkeit des Netzes, eine angemessene Nachfrage nach Verteilung von Elektrizität zu befriedigen".

9 § 3 Nr. 3 und 10 des EnWG vom 07.7.2005, BGBl. I, S. 1970.

10 Siehe § 3 Nr. 2 (Betreiber von Elektrizitätsversorgungsnetzen), Nr. 4 (Betreiber von Energieversorgungsnetzen), Nr. 16 (Energieversorgungsnetze), Nr. 17 (En-

entweder mit einem Verweis auf die neugefasste Elektrizitätsrichtlinie oder stellte knapp fest, dass die jeweilige Begriffsbestimmung der Klarstellung diene.[11] Die weiteren Neufassungen der Elektrizitätsrichtlinie in den Jahren 2009[12] und 2019[13] haben die Netzdefinitionen ihrer Vorgängerinnen unverändert übernommen.[14] Auch das EnWG kennt bis heute keinen subsumierbaren Netzbegriff.[15]

Warum dies so ist, wird verständlich, wenn man den historischen Kontext der elektrizitätswirtschaftlichen Regulierung betrachtet. Bei Erlass der Elektrizitätsrichtlinie 96/92/EG fand der europäische Gesetzgeber über Jahrzehnte gewachsene technische Standards sowie ein etabliertes funktionales Rollenmodell bestehend aus Erzeugung, Netzbetrieb und Endkundenversorgung vor.[16] Was unter einem Stromnetz technisch und funktional zu verstehen war, war allen Akteuren bekannt. Eine juristische Definition des Stromnetzes existierte bis dahin nicht, weil an diesen Begriff keine Rechtsfolgen geknüpft waren. Das Stromnetz ging als rechtlich unselbstständiges technisches Betriebsmittel im Endprodukt der elektrizitätswirtschaftlichen Wertschöpfung auf. Technische Entwicklungen wie die Erzeugung aus erneuerbaren Energien, die dezentrale Stromspeicherung und die Elektromobilität, welche heute die überkommene technische und funktionale Gestaltung des Stromnetzes in Frage stellen, zeichneten sich noch nicht ab. Vor diesem Hintergrund hat sich der europäische Gesetzgeber darauf beschränkt, in der Elektrizitätsrichtlinie 96/92/EG den von ihm vorgefundenen technischen und funktionalen Status quo des Stromnetzes

ergieversorgungsnetz der allgemeinen Versorgung), Nr. 27 (Netzbetreiber) des EnWG vom 07.7.2005, BGBl. I S. 1970.

11 BT-Drucks. 15/3917, S. 48 f. zu § 3 Nrn. 2, 3, 4, 10, 16, 17, 27.

12 Richtlinie 2009/72/EG des Europäischen Parlaments und des Rates vom 13. Juli 2009 über gemeinsame Vorschriften für den Elektrizitätsbinnenmarkt und zur Aufhebung der Elektrizitätsrichtlinie 2003/54/EG, ABl. L 211 vom 14.8.2009, S. 55.

13 Richtlinie (EU) 2019/944 des Europäischen Parlaments und des Rates vom 5. Juni 2019 mit gemeinsamen Vorschriften für den Elektrizitätsbinnenmarkt und zur Änderung der Elektrizitätsrichtlinie 2012/27/EU (Neufassung), ABl. L 158 vom 14.6.2019, S. 125.

14 Art. 2 Nrn. 4, 6 der Elektrizitätsrichtlinie 2009/72/EG; Art. 2 Nrn. 29, 35 der Elektrizitätsrichtlinie (EU) 2019/944; vgl. auch § 3 Nrn. 2, 3, 4, 10, 16, 17, 27, 29c EnWG.

15 Vgl. *Salje*, EnWG, § 3 Rn. 128.

16 Siehe unten, Teil B.

als Gegenstand der Regulierung schlicht zu benennen.[17] Der Netzbegriff der Elektrizitätsrichtlinie 96/92/EG und ihrer Nachfolgerinnen ist ein faktisch-rezeptiver Rechtsbegriff.

Der deutsche Gesetzgeber sah keine Notwendigkeit, den Netzbegriff des europäischen Sekundärrechts zu konkretisieren. Die historisch gewachsenen Elektrizitätsversorgungsmonopole waren seit dem EnWG 1935 als *Energieversorgungsunternehmen* reguliert. Die Regulierung verpflichtete Energieversorgungsunternehmen, jedermann an ihre Versorgungssysteme anzuschließen und zu allgemeinen Tarifen zu versorgen.[18] Die Richtlinie 96/92/EG verschob den tatbestandlichen Anknüpfungspunkt zum Begriff *Netzbetreiber* und verpflichtete diese, jedermann zu festgelegten Entgelten Zugang zum *Netz* zu gewähren sowie den Netzbetrieb – zunächst lediglich buchhalterisch, später rechtlich oder eigentumsrechtlich – von anderen Aktivitäten zu entflechten. Dieser dogmatische Paradigmenwechsel wirkte sich in der Praxis jedoch nicht auf den Adressatenkreis der Regulierung aus, weil *Netzbetreiber* die ehemaligen *Energieversorgungsunternehmen* als Gebietsmonopolisten waren.

Angesichts dieser klaren Verhältnisse hat sich die Rechtswissenschaft bislang nur wenig mit dem Tatbestand *Netz* auseinandergesetzt. Die juristische Literatur beschäftigt sich schwerpunktmäßig mit den Rechtsfolgen der elektrizitätswirtschaftlichen Regulierung.[19] Die wenigen juristischen Beiträge, welche die Tatbestandsseite des elektrizitätswirtschaftlichen Regulierungsregimes zum Gegenstand haben, setzen den Netzbegriff meist voraus[20] und konzentrieren sich auf die Unterscheidung der Netzunterarten des EnWG[21] oder die Frage, welche Energieanlagen gerade keine Netze sind.[22] So finden sich Beiträge zur Abgrenzung von Netz und Di-

---

17 Dies wird besonders bei der Differenzierung zwischen Übertragungs- und Verteilernetz deutlich, vgl. Art. 2 Nr. 4) und 6) der Elektrizitätsrichtlinie 96/92/EG und heute Art. 3 Nr. 29) und 35) der Elektrizitätsrichtlinie (EU) 2019/944.

18 §§ 6 Abs. 1, 2 Abs. 2 des EnWG vom 13.12.1935, RGBl. I S. 1451.

19 *Schwintowski*, WuW 2001, S. 1042 ff.; *Züngler*, Netzzugang, S. 24 ff.; *Heinrichs*, Netzzugang, S. 24 ff.; *Schmidt-Preuß*, N&R 2004, S. 90 ff.; *de Wyl/Neveling*, ZNER 2003, 182 ff.; *Mätzig*, Elektrizitätsversorgungsnetze, S. 83 ff.

20 Siehe etwa *Boesche*, in: Säcker, BerlKommEnR, § 3 Rn. 4, 7, 17, 32, 37; *Salje*, EnWG, § 3 Rn. 128; *Hellermann*, in: Britz/Hellermann/Hermes, EnWG, § 3 Rn. 12 f., 55, 60.

21 *Schau*, IR 2007, S. 98 ff.; *ders.*, IR 2007, S. 122 ff.; *Schroeder-Czaja*, IR 2006, 50 [51]; *Schroeder-Czaja/Jacobshagen*, IR 2006, 78 ff.; *Kühling/Rasbach*, RdE 2011, 332 ff.; *Boesche*, in: Säcker, BerlKommEnR, § 3 Rn. 88 ff.; *Boesche/Wolf*, ZNER 2005, 285 [292].

22 *Leidinger/Berger*, RdE 2009, 161 [165]; *Jacobshagen/Kachel/Baxmann*, IR 2012, 2 ff.

rektleitung[23], Innenanlage[24], Kundenanlage[25] und Ladeinfrastruktur für Elektrofahrzeuge[26]. Stets bleibt jedoch offen, was das *Netz* ist, von dem diese Anlagen abzugrenzen sind. Es fehlt an klaren allgemeingültigen Grundsätzen, anhand derer die Abgrenzung zu erfolgen hat. Wird doch eine Definition des Netzes versucht, so bleibt sie meist beschreibend und kaum subsumptionsfähig.[27]

Die Rechtsprechung beurteilt die Frage, ob Energieanlagen Netze oder Netzbestandteile sind, anhand einer „Zusammenschau der energiewirtschaftlichen Begriffsbestimmungen unter Berücksichtigung der Zielsetzung des Gesetzes".[28] Auf Grundlage dieser Formel trifft sie meist ergebnisorientierte Einzelfallentscheidungen, aus denen sich ein allgemeiner Netzbegriff nicht abstrahieren lässt.[29] Im Ergebnis weiß die Rechtswissenschaft heute nicht viel mehr, als dass die historisch gewachsenen Transportsysteme für Elektronen in ihrer überkommenen technischen Gestalt und mit ihrem überkommenen Funktionsumfang Netze im Rechtssinne sind. Was jedoch ein solches Netz im Rechtssinne ausmacht, was man diesen Transportsystemen technisch und funktional hinzufügen könnte, ohne die Wesensgrenzen des Netzbegriffs zu überschreiten, was man hinwegnehmen könnte, ohne dem Netz sein konstituierendes Element zu nehmen, wissen wir nicht. Dies ist ein unbefriedigendes Ergebnis.

---

23 *Hellermann*, in: Britz/Hellermann/Hermes, EnWG, 3. Auflage, § 3 Rn. 25; *Salje*, EnWG, § 3 Rn. 56.

24 *Säcker*/Boesche, in: Säcker, BerlKommEnR, § 20 Rn. 36.

25 *Schwintowski*, EWeRK 2012, 43 [44]; *Jacobshagen/Kachel/Baxmann*, IR 2012, 2 ff.; *Helmes*, EnWZ 2013, 23 ff.; *Vogt*, RdE 2012, 95 ff.

26 *De Wyl/Ringwald/Lange*, IR 2012, 280 ff.; *Hartwig*, ZNER 2013, S. 356 ff.; *ders.*, ZNER 2013, S. 475 ff.

27 Vgl. *von Weizsäcker*, WuW 1997, S. 572 [572]: „Netze sind raumübergreifende, komplex verzweigte Transport- und Logistiksysteme für Güter, Personen oder Information."

28 BGH, Beschl. v. 18.10.2011, Az. EnVR 68/10; BGH, Beschl. v. 03.06.2014, Az. EnVR 10/13; OLG Düsseldorf, Beschl. v. 30.4.2015, Az. VI-5 Kart 9/14 (V), 5 Kart 9/14 (V).

29 Vgl. BGH, Beschl. v. 12.11.2019, Az. EnVR 65/18 und Az. EnVR 66/18 (zu den Kriterien einer Kundenanlage); BGH, Beschl. v. 18.10.2011, Az. EnVR 68/10 (Leitungssystem auf Campingplatz mit Verbrauchsabrechnung ist Netz; Leitungssystem in Hotel nicht); BGH, Urt. v. 10.11.2004, Az. VIII ZR 391/03 (Stichleitung zwischen Verteilernetz und Abnehmer ist Netz); OLG Dresden, Urt. v. 14.3.2002, Az. 7 U 1579/01 (Leitung zwischen Trafostation und Abnehmer ist kein Netz); Überblick zur Rechtsprechung zur Kundenanlage bei *Voß/Weise/Heßler*, EnWZ 2015, 12 ff.

Ein solchermaßen faktisch-rezeptiver Netzbegriff funktioniert in eindeutigen Fällen. Es lässt sich kaum bestreiten, dass das Verteilernetz der Stadt Berlin mit seinen Leitungen, Transformatoren und Schaltanlagen ein Netz im juristischen Sinne ist. Ebenso ist klar, dass das elektrische Leitungssystem in einem kleinen Einfamilienhaus eine nicht regulierte Energieanlage und kein Netz ist. In Grenzfällen bietet ein faktisch-rezeptiver Netzbegriff hingegen wenig halt. So ist bis heute nur unbefriedigend geklärt, ob und nach welchen Maßstäben Betreiber von elektrischen Leitungssystemen in Industrieparks, auf Campingplätzen oder in Hotels als Netzbetreiber einzuordnen und daher verpflichtet sind, jedermann Zugang zu diesen Leitungssystemen zu regulierten Entgelten zu gewähren und andere Tätigkeiten vom Betrieb dieser Systeme zu entflechten.

Auch erlaubt ein faktisch-rezeptiver Netzbegriff keine befriedigende Antwort auf die Frage, inwieweit Betreiber eines regulierten Netzes technische und funktionale Weiterentwicklungen an ihren Infrastrukturen vornehmen können oder müssen, die über die überkommenen technischen Betriebsmittel hinausgehen. Sollten der Netzbegriff und die daran anknüpfende Verpflichtung zur Gewährung von Netzzugang dahingehend verstanden werden, dass Netzbetreiber flächendeckend Ladeinfrastruktur für Elektrofahrzeuge aufzubauen haben – im Sinne eines „Netzzugangs ab der Bordsteinkante“ für Elektrofahrzeuge? Die Folge dürfte ein beschleunigter Aufbau von Ladeinfrastruktur sein. Jedoch wären die Kosten über die Netzentgelte von allen Netznutzern zu tragen, unabhängig davon, ob sie ein Elektrofahrzeug nutzen.

Weitere Fragen stellen sich im Zusammenhang mit der zunehmenden Stromerzeugung aus erneuerbaren Energien. So bestehen heute aufgrund stetig steigender Windenergieerzeugung, die sich auf den Norden von Deutschland fernab der industriellen Verbrauchszentren konzentriert, Netzengpässe beim Transport von Elektrizität in den Süden. Nach dem klassischen Verständnis von Netzinfrastruktur sind diese Engpässe langfristig durch den Aufbau zusätzlicher physischer Leitungskapazitäten zu beheben. Kurzfristig werden die Engpässe unter anderem durch so genannte Redispatch-Maßnahmen behoben.[30] Dabei verändert der betroffene Netzbetreiber die Lastflüsse im Leitungssystem, indem er Betreiber bestimmter vor dem Engpass befindlicher Erzeugungsanlagen zur Reduzierung und

30 Bis zum Jahr 2019 bestand in Gestalt des „Einspeisemanagements“ eine Sonderregel für Anlagen nach dem Erneuerbare-Energien-Gesetz. Diese wurde jedoch mit dem Gesetz zur Beschleunigung des Energieleitungsbaus vom 13. Mai 2019, BGBl. I, S. 706 in das allgemeine Redispatch-Regime des EnWG integriert.

Betreiber bestimmter hinter dem Netzengpass befindlicher Erzeugungsanlagen zu einer korrespondierenden Erhöhung der Einspeisung auffordert. Dies führt zu einer räumlichen Verlagerung der Einspeisung, während ihre Höhe in Saldo unverändert bleibt. Die betroffenen Betreiber der Erzeugungsanlagen erhalten jeweils einen finanziellen Ausgleich von den Netzbetreibern, der über die Netzentgelte von den Netznutzern zu tragen ist. Derartige Maßnahmen betrafen im Jahr 2020 22.707 Gigawattstunden Erzeugungsleistung und verursachten Kosten von fast einer Milliarde Euro.[31]

Mit kommerziell nutzbaren Stromspeichern steht nun eine Alternative zur Behebung von Netzengpässen zur Verfügung. Im Falle eines Netzengpasses kann ein vor dem Engpass platzierter Speicher Elektrizität aufnehmen und zugleich ein hinter dem Netzengpass platzierter Speicher Elektrizität abgeben. Zu Zeiten geringerer Auslastung kann die vom ersten Speicher aufgenommene Elektrizität in den zweiten Speicher transportiert werden, so dass in beiden Speichern Kapazitäten für den nächsten Engpass vorhanden sind. Aus funktionaler Sicht steigt dadurch die Kapazität des betroffenen Leitungsteils in Spitzenzeiten, ohne dass es zusätzlicher Leitungen bedarf. Die Kosten für Netzausbau- und Redispatch-Maßnahmen können vermieden werden. Aus rechtlicher Sicht stellt sich die Frage, ob eine solche Speichernutzung durch Netzbetreiber zulässig ist. Hängt die Antwort womöglich von einem Kostenvergleich von Speichernutzung und klassischem Redispatch ab? Dürfte der Netzbetreiber diese Speicher auch nutzen, um die darin eingespeicherte Elektrizität am Elektrizitätsmarkt zu verkaufen und zusätzlichen Erlös zu generieren? Auf Grundlage des faktisch-rezeptiven Netzbegriff lassen sich diese Fragen nicht in befriedigender Weise beantworten.[32]

§ 2 *Untersuchungsgegenstand und Aufbau*

In diesem Kontext will die vorliegende Arbeit versuchen, den Rechtsbegriff *Netz* näher zu bestimmen, und untersuchen, welche Grenzen die

---

31 *BNetzA*, Quartalsbericht Netz- und Systemsicherheit - Gesamtes Jahr 2020, S. 9.

32 Vgl. zu Versuchen der Einordnung der Speicherung etwa *Riewe/Sauer*, EWeRK 2014, 79 ff.; *Wieser*, EurUP 2011, 176 ff.; *Lehnert/Vollprecht*, ZNER 2012, 356 ff.; *Bachmann/Erling*, ET 2012, 97 ff.; *Heller*, EWeRK 2013, 177 ff.; zur Ladeinfrastruktur für Elektrofahrzeuge *Hartwig*, ZNER 2013, S. 356 ff.; *ders.*, ZNER 2013, S. 475 ff.

daran anknüpfenden Rechtsfolgen der elektrizitätswirtschaftlichen Regulierung für die technische und funktionale Gestaltung des Stromtransports setzen in Hinblick auf eine Nutzung von Stromspeichern durch Netzbetreiber. Zunächst soll ein Überblick über die Entwicklung des Stromnetzes auf technischer und funktionaler Ebene gegeben werden, um zu verdeutlichen, dass die heutige technische Gestaltung und Funktionalität des Stromnetzes nicht die einzig denkbare Gestaltung, sondern Ergebnis eines Entwicklungsprozesses ist. Dieser Entwicklungsprozess beruhte auf der Ausübung unternehmerischer Freiheit durch die Elektrizitätsversorgungsunternehmen und kann im Rahmen der rechtlichen Vorgaben der sektorspezifischen Regulierung der Elektrizitätswirtschaft fortgeführt werden. Anschließend werden die rechtlichen Grenzen für diesen Entwicklungsprozess bestimmt, indem zunächst der Tatbestand *Netz* der elektrizitätswirtschaftlichen Regulierung und anschließend die Reichweite der daran anknüpfenden Freiheitsbeschränkungen ausgelotet werden. Schließlich soll auch ein Blick in die USA gerichtet werden, in denen eine netzintegrierte Speichernutzung bereits in größerem Umfang praktiziert und rechtlich diskutiert wird als in Europa.

Teil B. Die technische und die funktionale Ebene des Netzes

Die Tatsache, dass das Stromnetz in seiner technischen Gestalt und seiner Funktionalität in den letzten Jahrzehnten praktisch unverändert geblieben ist, verleitet dazu, den Status quo als einzig denkbare Gestaltung anzusehen. Tatsächlich hat der Stromtransport sowohl in funktionaler als auch in technischer Hinsicht seit den Anfängen der Elektrizitätsversorgung eine erhebliche Entwicklung durchgemacht. Um sich die Wandlungs- und Entwicklungsfähigkeit der technischen und funktionalen Ebene des Netzes bewusst zu machen und nicht in das Muster „was neu und nicht ausdrücklich erlaubt ist, ist verboten" zu verfallen, ist es sinnvoll, sich diese Entwicklung vor Augen zu führen. Sie soll daher im Folgenden skizziert und eingeordnet werden.

§ 3 Elektrische Beleuchtungsanlagen

Die Anfänge der kommerziellen Elektrizitätsversorgung in Europa reichen zurück bis in die zweite Hälfte des 19. Jahrhunderts.[33] Nach der Entdeckung des dynamo-elektrischen Prinzips standen bald zuverlässige Gleichstromgeneratoren zur Verfügung, mittels derer sich elektrische Energie kommerziell nutzen ließ.[34] Die ersten elektrischen Anlagen waren funktional Beleuchtungsanlagen, die den Nutzen *elektrisches Licht* erbrachten,[35] und mit der Gasbeleuchtung konkurrierten.[36] Auf technischer Ebene handelte es sich um einen Gleichstromgenerator, Leitungen, Schalter, Sicherungen, Lampenträger und Lampen.[37] Da der leitungsgebundene Trans-

---

33 Instruktiv hierzu: *Hoppe*, Geschichte der Elektrizität, S. 512 ff., 540 ff.

34 *Schossig*, in: Dittmann, Überwindung der Distanz, S. 157; *Wellßow*, in: Dittmann, Überwindung der Distanz, S. 226; näher zur technischen Entstehungsgeschichte: *Hoppe*; Geschichte der Elektrizität, S. 540 ff.

35 Der Begriff *Nutzen* wird in dieser Arbeit im ökonomischen Sinne verwendet und bezeichnet die Fähigkeit eines Guts, ein bestimmtes Bedürfnis befriedigen zu können; Gabler Wirtschaftslexikon, Definition Nutzen.

36 *Herzig*, in: Wolfram, Die Geschichte der Stromversorgung, S. 131; näher zur technischen Entstehungsgeschichte der elektrischen Beleuchtung: *Hoppe*; Geschichte der Elektrizität, S. 512 ff.

37 *Wellßow*, in: Dittmann, Überwindung der Distanz, S. 226 f.

port von Elektronen noch mit hohen Verlusten verbunden war, befand sich der Gleichstromgenerator auf dem Grundstück des Kunden und die Leitungen waren möglichst kurz. Der Transport von Elektronen vom Generator zu den Lampen war unselbstständiger Bestandteil des Nutzens *elektrisches Licht*.

Das elektrische Licht verbreitete sich rasch. In größeren Städten wurden nach und nach Wirtschaften, Hotels, Cafés, Straßen und wohlhabende Privathaushalte mit elektrischen Beleuchtungsanlagen ausgestattet.[38] Die elektrischen Beleuchtungssysteme wurden größer und versorgten mehrere Kunden gleichzeitig mit elektrischem Licht.[39] Diese größeren Anlagen bestanden auf technischer Ebene aus größeren Gleichstromgeneratoren – so genannten Blockstationen – und längeren Leitungen, die dank erster Konzessionsverträge auch Straßen überqueren und die unmittelbare Nachbarschaft versorgen konnten.[40] Die weiterhin hohen Transportverluste beim leitungsgebundenen Transport von Gleichstrom beschränkten die Größe der Versorgungsgebiete jedoch vorerst auf jeweils einen Straßenzug.[41]

§ 4 Elektrizitätsversorgungssysteme

Nach und nach kamen zu den Beleuchtungskunden Abnehmer motorischer Leistung hinzu, wie etwa Straßenbahnen.[42] Dadurch änderte sich der Nutzen, den die elektrischen Beleuchtungsanlagen für die Kunden erbrachten. Zuvor erbrachten die Anlagen ausschließlich den Nutzen *elektrisches Licht*. Nun stellten sie den Kunden an deren Anschlüssen bedarfsgerecht Elektronen zur Verfügung, die diese für beliebige elektrotechnische Anwendungen nutzen konnten. Das neue Nutzenpaket umfasste neben der Produktion und dem Transport von Elektronen die Gewährleistung, dass die Kunden am eigenen Anschluss stets nach Bedarf Elektronen abrufen können. Die Umwandlung der elektrischen Energie in die tatsächlich

---

38 *Herzig*, in: Wolfram, Die Geschichte der Stromversorgung, S. 131.

39 Die Entwicklung verlief von 65 Volt-Systemen über 110 Volt-Systeme bis hin zu 220 Volt-Systemen; vgl. *Schossig*, in: Dittmann, Überwindung der Distanz, S. 166.

40 *Bohn/Marschall*, in: Wolfram, Die Geschichte der Stromversorgung, S. 48 f., 110 f.; *Herzig*, in: Wolfram, Die Geschichte der Stromversorgung, S. 124.

41 *Bohn/Marschall*, in: Wolfram, Die Geschichte der Stromversorgung, S. 46; *Herzig*, in: Wolfram, Die Geschichte der Stromversorgung, S. 125 f.

42 Vgl. *Bohn/Marschall*, in: Wolfram, Die Geschichte der Stromversorgung, S. 49 Bild 2.6; *Herzig*, in: Wolfram, Die Geschichte der Stromversorgung, S. 131 Bild 3.6.

gewünschte Anwendung war hingegen nicht mehr Bestandteil des Nutzenpakets. Für das neue Nutzenpaket, das bis heute unverändert geblieben ist,[43] etablierte sich der Name *Elektrizitätsversorgung*.

Diese funktionale Weiterentwicklung der elektrischen Beleuchtungsanlagen zu Elektrizitätsversorgungssystemen war auf technischer Ebene mit einigen Herausforderungen verbunden. Der leitungsgebundene Transport von Elektronen von der Blockstation zu den Abnehmern erfordert aus physikalischen Gründen ein sekundengenaues Gleichgewicht zwischen Einspeisungen und Entnahmen.[44] In reinen Beleuchtungsanlagen bereitete diese Anforderung keine größeren Schwierigkeiten. Ihre Lampen leuchteten gleichmäßig zu festgelegten Zeiten, so dass ihr Elektrizitätsbedarf berechenbar war.[45] In Elektrizitätsversorgungssystemen, in denen immer mehr Kunden mit unterschiedlichen Anwendungen bedarfsgerecht Elektronen entnehmen, ist der Ausgleich zwischen Einspeisungen und Entnahmen ungleich schwerer zu gewährleiten.[46] Die ehemaligen Beleuchtungsanbieter, die nun Elektrizitätsversorgungsunternehmen waren, mussten die Entnahmen der Kunden prognostizieren und die Einspeisung aus ihrer Blockstation entsprechend planen. Da sich jedoch auch bei bester Prognose unweigerlich Abweichungen zwischen der Einspeisung der Blockstation und den tatsächlichen Entnahmen der Abnehmer ergaben, mussten die Elektrizitätsversorgungsunternehmen das Gleichgewicht zwischen Einspeisungen und Entnahmen laufend überwachen und etwaige Abweichungen durch so genannte Regelenergie ausgleichen.[47] Ist die Einspeisung im Verhältnis zur Entnahme zu gering, bedarf es positiver Regelenergie. Diese kann durch eine Erhöhung der Einspeisung oder eine Verringerung der Entnahme erbracht werden. Ist die Einspeisung im Verhältnis zur Entnahme zu hoch, bedarf es negativer Regelenergie, welche durch eine Verringerung der Einspeisung oder eine Erhöhung der Entnahme erbracht werden kann.

---

43 Vgl. § 6 Abs. 2 S. 1 StromGVV.

44 *Agora Energiewende*, Stromspeicher in der Energiewende, S. 97 ff.

45 *Bohn/Marschall*, in: Wolfram, Die Geschichte der Stromversorgung, S. 49 f.; *Herzig*, in: Wolfram, Die Geschichte der Stromversorgung, S. 131 f.

46 *Bohn/Marschall*, in: Wolfram, Die Geschichte der Stromversorgung, S. 49 f.; *Herzig*, in: Wolfram, Die Geschichte der Stromversorgung, S. 131 f.

47 Vgl. zur heutigen technischen Ausgestaltung *Agora Energiewende*, Stromspeicher in der Energiewende, S. 97 ff.

§ 5 Entstehung des Stromnetzes

Da den Kunden mit dem Nutzen *Elektrizitätsversorgung* die Möglichkeit einer stets bedarfsgerechten Entnahme von Elektronen zugesichert wurde, musste sich die Kapazität der Blockstationen nach der Spitzennachfrage im Versorgungsgebiet richten. Daher war die Auslastung der Blockstationen meist gering und die Elektrizitätsversorgungsunternehmen suchten auf technischer Ebene nach Möglichkeiten zur Steigerung der Produktionseffizienz.[48] Einige von ihnen experimentierten mit Gleichstromakkumulatoren.[49] Diese nahmen in verbrauchsschwachen Zeiten elektrische Energie aus den Blockstationen auf und gaben sie in verbrauchsstarken Zeiten wieder ab. Damit konnte zwar die Auslastung der Kraftwerke erhöht werden, die hohen Kosten und Speicherverluste der Akkumulatoren wogen die Effizienzgewinne jedoch teilweise wieder auf.[50] Die aus heutiger Sicht interessante Frage, ob die Aufnahme und Abgabe von Elektrizität durch Akkumulatoren funktional als Elektrizitätserzeugung, -transport oder -speicherung zu verstehen war, besaß zu diesem Zeitpunkt noch keine Relevanz und wurde daher, soweit ersichtlich, nicht diskutiert. Die verwendeten technischen Komponenten bildeten ein funktionales Gesamtsystem zur Ausbringung des Nutzens *Elektrizitätsversorgung*.

Eine weitere Maßnahme zur Effizienzsteigerung war die Zusammenlegung und Erweiterung der Versorgungsgebiete. Je größer die Zahl von Abnehmern in einem Versorgungsgebiet ist, umso weniger fallen Verbrauchsschwankungen einzelner Abnehmer ins Gewicht und umso höher ist die Wahrscheinlichkeit, dass gegenläufige Verbrauchsschwankungen sich ausgleichen. Diese Durchmischungseffekte führen dazu, dass mit zunehmender Größe des Versorgungsgebiets die Verbrauchsprognose genauer wird und der Bedarf an Regelenergie unterproportional ansteigt.[51] Dadurch steigt die Auslastung der Kraftwerke, weil ein geringerer Teil ihrer Kapazität als Reserve für die Bereitstellung positiver Regelenergie vorgehalten werden muss.[52] Größere Versorgungsgebiete erfordern einen Transport von Elektronen über weitere Strecken. Das damals übliche Gleichstromsys-

---

48 *Bohn/Marschall,* in: Wolfram, Die Geschichte der Stromversorgung, S. 49 f.; *Herzig,* in: Wolfram, Die Geschichte der Stromversorgung, S. 131 f.

49 Im Jahr 1905 erfolgte bis zu 15% der gesamten Einspeisung in Deutschland durch Akkumulatoren; vgl. *Bohn/Marschall,* in: Wolfram, Die Geschichte der Stromversorgung, S. 49.

50 *Bohn/Marschall,* in: Wolfram, Die Geschichte der Stromversorgung, S. 49.

51 *Consentec*, Regelleistungskonzepte und Regelleistungsmarkt, S. 5.

52 *Flosdorff/Hilgarth*, Elektrische Energieverteilung, S. 339.

tem war hierfür aufgrund der hohen Transportverluste wenig geeignet. Dies begünstigte den Durchbruch des damals neuartigen Wechselstromsystems, das einen deutlich verlustärmeren Transport von Elektronen erlaubte.[53] Auf Grundlage des Wechselstromsystems entstanden durch Zusammenlegungen und Erweiterungen immer größere Versorgungsgebiete mit mehreren parallel betriebenen Kraftwerken und einer immer höheren Zahl von Abnehmern.[54]

Die Wechselwirkungen aus den Einspeisungen mehrerer parallel betriebener Kraftwerke und den Entnahmen vieler Kunden mit zunehmend heterogenen elektrotechnischen Anwendungen führten zu dynamischeren Lastflüssen im Leitungssystem, was die Berechnung der Transportverluste erschwerte.[55] Zudem musste sichergestellt werden, dass die sich stetig verändernden Elektronenflüsse in keinem Teil des Leitungssystems die Kapazität der Leitungen übersteigen. Gegebenenfalls musste durch Schalthandlungen oder eine räumliche Verlagerung der Einspeisung auf die Elektronenflüsse eingewirkt werden.[56] Die größeren Wechselstromsysteme erforderten zudem besondere Maßnahmen, um an allen Stellen des Leitungssystems eine konstante Spannung zu gewährleisten.[57] Im Wechselstromsystem bauen die Leitungen und die an das System angeschlossenen Verbrauchsgeräte im Takt der Netzfrequenz kontinuierlich ein Magnetfeld auf und wieder ab.[58] Dabei wird elektrische Leistung zunächst aufgenommen und anschließend wieder abgegeben. Diese so genannte Blindenergie steht für elektrotechnische Anwendungen nicht zur Verfügung, ist jedoch zur Gewährleistung einer konstanten Spannung im Leitungssystem erforderlich. In größeren Wechselstromsystemen muss je nach momentanem Elektronenfluss zuweilen zusätzlich Blindenergie in das System eingespeist werden.[59] Blindenergie muss dabei an derjenigen Stelle im Leitungssystem erbracht werden, an der sie benötigt wird, weil Blindenergie ungleich hö-

---

53 *Bohn/Marschall*, in: Wolfram, Die Geschichte der Stromversorgung, S. 50 ff.; *Herzig*, in: Wolfram, Die Geschichte der Stromversorgung, S. 127 ff.

54 *Schossig*, in: Dittmann, Überwindung der Distanz, S. 187 ff.; *Boll*, Verbundbetrieb, S. 16 ff.

55 *Dieckmann*, Engpassmanagement im Europäischen Strommarkt, S. 52 f.

56 *Heuck/Dettmann/Schulz*, Elektrische Energieversorgung, S. 501 f.; *Dieckmann*, Engpassmanagement im Europäischen Strommarkt, S. 71.

57 *Heuck/Dettmann/Schulz*, Elektrische Energieversorgung, S. 381 ff.

58 *BNetzA*, Diskussionspapier Blindleistungsbereitstellung für den Netzbetrieb, S. 9.

59 *BNetzA*, Diskussionspapier Blindleistungsbereitstellung für den Netzbetrieb, S. 12 ff.

heren Transportverlusten unterliegt als die für elektrotechnische Anwendungen nutzbare Wirkenergie.[60]

Aufgrund der vorgenannten technischen Erfordernisse entstand mit zunehmend größeren Wechselstromsystemen neben dem physischen Leitungssystem ein Koordinierungskomplex aus Verlustausgleich, Spannungshaltung und Engpassmanagement.[61] Auf technischer Ebene war damit in Abgrenzung zu einem passiven Leitungssystem das Stromnetz entstanden. Es trat jedoch auf funktionaler Ebene noch nicht selbstständig auf dem Markt in Erscheinung. Den Kunden gegenüber wurde weiterhin das Nutzenpaket *Elektrizitätsversorgung* geleistet. Der Nutzen des Stromnetzes ging als unselbstständiger Teil in diesem Nutzenpaket auf.

Die flächendeckende Verbreitung der Elektrizitätsversorgung brachte im Jahr 1935 erste Regulierungsmaßnahmen durch das Energiewirtschaftsgesetz (EnWG)[62] mit sich. Der Gesetzgeber war überzeugt, dass ein Aufbau paralleler Stromnetze durch frei konkurrierende Elektrizitätsversorger gesamtwirtschaftlich nicht sinnvoll sei.[63] Zugleich wollte er die flächendeckende Elektrizitätsversorgung auch abseits der Ballungszentren sicherstellen. Daher wurden die von den Elektrizitätsversorgungsunternehmen zu diesem Zeitpunkt bereits praktizierten Gebietsmonopole gesetzlich festgeschrieben.[64] Im Gegenzug wurden die Elektrizitätsversorgungsunternehmen einer staatlichen Strompreisaufsicht unterworfen.[65] Zudem wurden sie verpflichtet, innerhalb ihres Versorgungsgebiets jedermann an ihr Elektrizitätsversorgungssystem anzuschließen und zu versorgen.[66] Auf funktionaler Ebene unterlagen die Elektrizitätsversorgungsunternehmen damit ab dem Jahr 1935 einem Kontrahierungszwang in Bezug auf den Nutzen *Elektrizitätsversorgung*. Wie die Elektrizitätsversorgungsunternehmen diesen Nutzen auf technischer Ebene ausbrachten, blieb jedoch ihnen

---

60 *Hirst/Kirby*, Unbundling Generation and Transmission Services, S. 58 f.; vgl. auch: 75 FERC ¶ 61,080 (Order 888), Appendix D, Schedule 2.

61 Vgl. Darstellung bei *Britz/Herzmann*, in: Britz/Hellermann/Hermes, EnWG, § 20 Rn. 44 ff.

62 Gesetz zur Förderung der Energiewirtschaft (Energiewirtschaftsgesetz) vom 13. Dezember 1935, RGBl. I, S. 1451.

63 Vgl. Präambel des EnWG 1935, das „volkswirtschaftlich schädliche Auswirkungen des Wettbewerbs“ verhindern wollte.

64 § 5 Abs. 1 des EnWG 1935 verlangte für die Aufnahme der Elektrizitätsversorgung die Genehmigung des Reichswirtschaftsministers, die versagt wurde, wenn dadurch einem Gebietsmonopolisten Konkurrenz erwuchs; *Mätzig*, Elektrizitätsversorgungsnetze, S. 42.

65 § 7 Abs. 1 des EnWG 1935.

66 § 6 Abs. 1 des EnWG 1935.

überlassen. Das Stromnetzes war zunächst nicht Gegenstand der Regelung. Sein Nutzen blieb ein unselbstständiger Bestandteil des Nutzenpakets *Elektrizitätsversorgung*.

§ 6 *Übertragungs- und Verteilernetze*

Die neue Wechselstromtechnik machte einen verlustarmen Transport von Elektronen auch über große Distanzen möglich. So konnten nahe der Brennstoffressourcen Großkraftwerke entstehen, die von Skaleneffekten und geringen Transportkosten für Brennstoff profitierten.[67] Der Transport von Elektronen über Langstrecken erfolgte mit hohen Spannungen, weil dies im Wechselstromsystem die Transportverluste minimiert.[68] In den Verbrauchszentren wurde der Strom mit Transformatoren auf eine niedrigere Spannung umgespannt und über die örtlichen Leitungssysteme zu den Abnehmern geleitet.[69] Da nun also die Kraftwerke zunehmend in höheren Spannungsebenen angeschlossen waren und ein Großteil der mit dem Transport von Elektronen verbundenen Koordinierungsaufgaben durch Steuerungsmaßnahmen in Kraftwerken erfolgte, verlagerte sich ein Großteil des Koordinierungskomplexes auf die höheren Spannungsebenen.[70] Zudem stellten die höheren Spannungsebenen besondere Anforderungen an die Leitungs-, Schalt-, Schutz-, Mess- und Fernmeldetechnik, die weit über diejenigen der örtlichen Stromnetze hinausgingen. Es entwickelten sich zwei unterschiedliche Netzebenen: das technisch komplexe Übertragungsnetz mitsamt einem Großteil des Koordinierungskomplexes und das weitgehend passive Verteilernetz.

§ 7 *Durchleitung*

Mit zunehmendem Verbundbetrieb und Ausbau des Übertragungsnetzes begannen die Elektrizitätsversorgungsunternehmen, Strom nicht nur zwischen benachbarten Versorgungsgebieten, sondern über mehrere Versor-

67 *Bohn/Marschall*, in: Wolfram, Die Geschichte der Stromversorgung, S. 111 ff.
68 *Flosdorff/Hilgarth*, Elektrische Energieverteilung, S. 323.
69 *Bohn/Marschall*, in: Wolfram, Die Geschichte der Stromversorgung, S. 112 ff.; vgl. auch Schaubild bei *Boll*, Verbundbetrieb, S. 92 Bild 42.
70 Vgl. *Boll*, Verbundbetrieb, S. 137.

gungsgebiete hinweg auszutauschen.[71] In Deutschland produzierten die im Süden gelegenen Wasserkraftressourcen im Sommer Stromüberschüsse, die es im Norden zu verteilen galt. Im Winter waren die südlichen Verbrauchszentren auf Kohlestrom aus dem Westen angewiesen. Der Stromtransit über mehrere Versorgungsgebiete hinweg erfolgte auf Grundlage individueller so genannter Durchleitungsvereinbarungen mit den Elektrizitätsversorgungsunternehmen, deren Versorgungsgebiete auf dem Transportweg lagen.[72] Auf technischer Ebene wurden nicht tatsächlich Elektronen von der Einspeise- zur Entnahmestelle durchgeleitet. Vielmehr wurden an einer Stelle Elektronen eingespeist und an anderer Stelle andere Elektronen in gleicher Menge entnommen. Da es dem nachfragenden Elektrizitätsversorgungsunternehmen nicht auf bestimmte Elektronen ankam, entsprach dieser Vorgang auf funktionaler Ebene dem Nutzen einer Durchleitung von Elektronen von der Einspeise- zur Entnahmestelle. Mit der Durchleitung trat der Nutzen des Übertragungsnetzes erstmals selbstständig nach außen hin in Erscheinung.

Der Austausch von Strom über mehrere Versorgungsgebiete hinweg bewog die Elektrizitätsversorgungsunternehmen zur Verkuppelung, Standardisierung und zunehmend koordinierten Planung ihrer Übertragungsnetze.[73] Im Jahr 1984 institutionalisierten die deutschen Elektrizitätsversorgungsunternehmen ihre Zusammenarbeit in diesem Bereich in der Deutschen Verbundgesellschaft e. V. Auf europäischer Ebene erfolgte eine entsprechende Zusammenarbeit in der Union für die Koordinierung des Transports von Elektrizität. In diesen Verbänden erarbeiteten die Elektrizitätsversorgungsunternehmen technische Standards zu Bauelementen, zur Ausrüstung, zur Kommunikationstechnik und zum Koordinierungskomplex der Übertragungsnetze.[74] Diese Standards waren rechtlich nicht verbindlich.[75] Da sie jedoch die Grundlage für die Kooperation der Elektrizitätsversorgungsunternehmen auf Ebene der Übertragungsnetze bildeten und diese Kooperation für eine zeitgemäße und effiziente Elektrizitätsversorgung unabdingbar war, entfalteten sie eine hohe faktische Bindungswirkung.

---

71 Vgl. *Boll*, Verbundbetrieb, S. 53 f.

72 Vgl. *Boll*, Verbundbetrieb, S. 54.

73 *Boll*, Verbundbetrieb, S. 114 ff.

74 Eingehend zur Entwicklung auf europäischer Ebene: *UCTE*, Evolution of a European Interconnected Grid, S. 9 ff.

75 *Hartmann*, in: Theobald/Kühling, Energierecht, § 20 Rn. 94 f. m. w. N.

Auf regulatorischer Ebene blieb es lange Zeit bei den Regelungen des EnWG von 1935. Ab der Einführung des Gesetzes gegen Wettbewerbsbeschränkungen (GWB) im Jahr 1958[76] galt für Elektrizitätsversorgungsunternehmen zusätzlich die allgemeine kartellrechtliche Missbrauchsaufsicht.[77] Diese wurde im Jahr 1980 durch die 4. Novelle des GWB[78] um ein sektorspezifisches Missbrauchsverbot ergänzt.[79] Das Missbrauchsverbot untersagte den Elektrizitätsversorgungsunternehmen unter anderem, andere Unternehmen im Absatz oder im Bezug von Elektrizität dadurch unbillig zu behindern, indem sie sich weigern, mit diesen Verträge über die „Einspeisung von Energie in [ihr] Versorgungsnetz und eine damit verbundene Entnahme (Durchleitung) zu angemessenen Bedingungen abzuschließen".[80] Damit war der Nutzen *Durchleitung* erstmals gesetzlich definiert. Theoretisch unterlagen die Elektrizitätsversorgungsunternehmen in Bezug auf diesen Nutzen einem Kontrahierungszwang. Praktisch ließ sich der Anspruch auf Durchleitung angesichts der allgemeinen Formulierung des Missbrauchsverbots und zahlreicher Ausnahmen kaum gegen den Willen der Elektrizitätsversorgungsunternehmen durchsetzen.[81] So blieb die Durchleitung bis zum EnWG 1998 ein weitgehend freiwilliges und individuell vereinbartes Geschäft zwischen Elektrizitätsversorgungsunternehmen.

§ 8 *Europäische disaggregierte Regulierung*

Mit dem Erlass der Elektrizitätsrichtlinie 96/92/EG im Jahr 1996 ging ein Paradigmenwechsel beim Regulierungsmodell für die Elektrizitätsversorgung einher. Bis dahin hatte die Regulierung der Elektrizitätswirtschaft auf Grundlage des EnWG 1935 einen Kontrahierungszwang sowie eine Entgeltregulierung in Bezug auf den Nutzen *Elektrizitätsversorgung* und auf Grundlage des GWB 1980 theoretisch einen Kontrahierungszwang

---

76 Gesetz gegen Wettbewerbsbeschränkungen vom 27. Juli 1957, BGBl. I, S 1081.
77 § 104 des GWB 1957; näher *Büdenbender*, EnWG, Einl. Rn. 15.
78 Neufassung des Gesetzes gegen Wettbewerbsbeschränkungen vom 24. September 1980, BGBl. I, S. 1761.
79 § 103 Abs. 5 des GWB 1980.
80 § 103 Abs. 5 S. 2 Nr. 4 des GWB 1980.
81 *Herrlinger*, Das „Netz", S. 22; vgl. zur restriktiven Rechtsprechung BGH, Beschl. v. 15.11.1994 - KVR 29/93 (KG) = BGHZ 128, 17 mit Anmerkung von *Papier*, BB 1997, 1213 ff.

in Bezug auf den Nutzen *Durchleitung* umfasst.[82] Dagegen sah die Elektrizitätsrichtlinie 96/92/EG im Wege eines so genannten disaggregierten Regulierungsansatzes lediglich in Bezug auf das *Netz* eine Zugangs- und Entgeltregulierung vor. Sämtliche Wertschöpfungsstufen, die nicht zum *Netz* gehörten, sowie der Nutzen *Elektrizitätsversorgung* als Endprodukt der elektrizitätswirtschaftlichen Wertschöpfung wurden dem Wettbewerb zugänglich gemacht.[83] Was das *Netz* ist, wurde jedoch weder in der Elektrizitätsrichtlinie 96/92/EG, noch in ihren insgesamt drei Neufassungen, noch in der Umsetzung der europäischen Regelungen im EnWG definiert.

§ 9 Verortung von Stromspeichern

Die Nutzung von Stromspeichern auf technischer Ebene der Elektrizitätsversorgung ist kein vollkommen neues Phänomen. Nachdem sie im Gleichstromsystem zeitweise eine wichtige Rolle bei der Unterstützung von Kraftwerken gespielt hatten,[84] wurden sie im Wechselstromsystem insbesondere in den 1950er Jahren in Gestalt von Pumpspeichern zahlreich aufgebaut.[85] Pumpspeicher wurden mit ihrer hohen Kapazität und langen Leistungsabgabe dazu genutzt, Elektrizität in Schwachlastzeiten ein- und in Starklastzeiten wieder auszuspeichern.[86] Damit konnte die Auslastung der Kraftwerke verbessert und die vorzuhaltende Gesamtkapazität der Kraftwerksleistung erhöht werden. Auf funktionaler Ebene dienten Pumpspeicher also als Äquivalent zu Kraftwerken. In den letzten Jahren haben zunehmend weitere Stromspeichertechnologien eine Entwicklungsstufe erreicht, die eine kommerzielle Nutzung im Energiesystem erlaubt.[87] Zu denken ist insbesondere an Batteriespeicher, die mit ihrer schnellen Reaktionszeit, Skalierbarkeit und Mobilität zahlreiche Aufgaben im Elektrizitätsversorgungssystem übernehmen können.

Auf technischer Ebene handelt es sich bei Stromspeichern um Anlagen, die eine bestimmte Menge an Elektrizität aufnehmen und diese abzüglich von Speicherverlusten zu einem späteren Zeitpunkt wieder abgeben kön-

82 Siehe oben, Teil B §§ 5, 6.

83 Siehe unten, Teil C.

84 vgl. *Bohn/Marschall*, in: Wolfram, Die Geschichte der Stromversorgung, S. 49.

85 Siehe zum Überblick: https://www.netzentwicklungsplan.de/sites/default/files/paragraphs-files/Kraftwerksliste_2019-2030_1.pdf, abgerufen am 30.9.2021.

86 *Mahnke/Mühlenhoff*, Strom speichern, S. 9.

87 Vgl. Überblick bei *Mahnke/Mühlenhoff*, Strom speichern, S. 8 ff.

nen.[88] Die aufgenommene elektrische Energie wird dabei in der Regel in eine andere Energieform umgewandelt.[89] So wandelt ein Pumpspeicherkraftwerk Elektrizität in potenzielle Energie um, indem es Wasser von einem niedrigen in ein höherliegendes Reservoir pumpt. Eine Batterie nutzt elektrische Energie zur Veränderung der chemischen Eigenschaften von Elektroden. Ein thermischer Speicher heizt oder kühlt mittels elektrischer Energie ein Speichermedium wie Wasser. Um die gespeicherte Energie wieder als elektrische Energie abzugeben, muss meist erneut eine Energieumwandlung erfolgen.

Auf funktionaler Ebene können die Vorgänge der Ein- und Ausspeicherung jeweils einzeln oder in ihrer Gesamtheit betrachtet werden. Die Einspeicherung von Energie entspricht für sich betrachtet einem Elektrizitätsverbrauch. Das Besondere an einem Speicher ist, dass dieser Verbrauch steuerbar ist. Daher kann die Einspeicherung etwa zur Erbringung negativer Regelenergie genutzt werden.[90] Die Ausspeicherung kann für sich betrachtet denselben Nutzen erbringen wie ein Kraftwerk. So kann die gespeicherte Energie als Wirkenergie zur Versorgung von Endkunden, als Verlustenergie zur Deckung von Transportverlusten oder als Blindenergie zur Spannungshaltung genutzt werden.[91]

Betrachtet man die Vorgänge der Ein- und Ausspeicherung in ihrer Gesamtheit, erbringen Stromspeicher funktional den Nutzen *Stromspeicherung*, auch wenn es sich meist auf technischer Ebene nicht um eine echte Speicherung von Elektrizität, sondern um zwei Energieumwandlungen mit einer zwischenzeitlichen Speicherung einer anderen Energieform handelt. Dem Nutzer von Elektrizität kommt es nämlich nicht auf die „Lagerung“ bestimmter Elektronen an, sondern darauf, dass er die endgültige Nutzung oder Verarbeitung von Elektrizität zeitlich nach hinten verlagern kann. Der Nutzen *Stromspeicherung* kann wiederum in vielfacher Weise

---

88 Siehe Definition der Energiespeicherung in Art. 2 Nr. 59 der Elektrizitätsrichtlinie 2019/944: „Verschiebung der endgültigen Nutzung elektrischer Energie auf einen späteren Zeitpunkt als den ihrer Erzeugung oder die Umwandlung elektrischer Energie in eine speicherbare Energieform, die Speicherung solcher Energie und ihre anschließende Rückumwandlung in elektrische Energie oder Nutzung als ein anderer Energieträger“.

89 Eine Ausnahme bilden Kondensatoren und Spulen, die für einen kurzen Zeitraum elektrische Ladungen als solche speichern; eingehend zur technisch-physikalischen Ebene der Stromspeicherung: *efzn*, Eignung von Speichertechnologien zum Erhalt der Systemsicherheit, S. 37 ff.

90 *Agora Energiewende*, Stromspeicher in der Energiewende, S. 97.

91 Siehe eingehend unten, Teil C § 11 V 2.

genutzt werden. So können etwa durch Stromspeicherung die volatile Produktion von Elektrizität in einer Windkraftanlage und die Einspeisung des Stroms in das Leitungssystem entkoppelt werden. In diesem Fall ist die Stromspeicherung ein unselbstständiger Annex zum Nutzen der Windkraftanlage. Auch kann der Nutzen *Stromspeicherung* dazu genutzt werden, um die Kapazität von Stromleitungen funktional zu erhöhen.[92] In dieser Konstellation ist der Nutzen des Stromspeichers ein Annex zum Nutzen der Stromleitung. Schließlich kann der Nutzen *Stromspeicherung* selbstständig vermarktet werden. Diese vielseitige Nutzbarkeit von Stromspeichern macht eine juristische Einordnung besonders anspruchsvoll.

§ 10 Ergebnis

Der technische und funktionale Status quo der Elektrizitätsversorgung ist Resultat einer intensiven Entwicklung, die insbesondere in den Anfängen der Elektrifizierung zügig voranschritt. Auf funktionaler Ebene schufen die Elektrizitätsversorgungsunternehmen zunächst den Nutzen *elektrisches Licht* und entwickelten ihn wenig später zum Nutzen *Elektrizitätsversorgung* weiter. Mit den Durchleitungen unter Elektrizitätsversorgungsunternehmen kam der Nutzen *Durchleitung* hinzu. Auf technischer Ebene entwickelten die Elektrizitätsversorgungsunternehmen – vornehmlich getrieben von Effizienzgesichtspunkten – aus einfachen Gleichstromanlagen über Blockstationen und Wechselstromverbundsysteme mit mehreren parallel betriebenen Kraftwerken das heute noch bestehende System aus Großkraftwerken, Übertragungs- und Verteilernetzen.

Diese funktionalen und technischen Entwicklungen beruhten auf freien unternehmerischen Entscheidungen der Elektrizitätsversorgungsunternehmen, auch wenn ihre Gestaltungsfreiheit zuweilen durch die Vernunft, Wettbewerbs- und Effizienzzwänge vorgegeben und später durch den institutionellen Rahmen kooperativer Verbandsarbeit beschränkt wurden. Gesetzliche Vorgaben und Beschränkungen spielten bei der Gestaltung des von den Elektrizitätsversorgungsunternehmen erbrachten Nutzens und den technischen Gestaltungen zu seiner Ausbringung zunächst keine Rolle. Mit dem EnWG 1935 wurde in Bezug auf den Nutzen *Elektrizitätsversorgung* und mit der 4. Novelle des GWB im Jahr 1980 in Bezug auf den Nutzen *Durchleitung* ein Kontrahierungszwang eingeführt. Dabei rezi-

92 *Akhil* (u.a), DOE/EPRI Electricity Storage Handbook in Collaboration with NRECA, S. 16f., 19ff; *CPUC*, Electric Enery Storage Use Case Analysis, S. 9.

pierte der Gesetzgeber jedoch dasjenige, was die Elektrizitätsversorgungsunternehmen zuvor als *Elektrizitätsversorgung* und *Durchleitung* entwickelt hatten und machte keine nennenswerten Einschränkungen in Hinblick auf die Gestaltung dieser Nutzen. Auch enthielten die Regelungen des EnWG und des GWB zunächst keine Vorgaben dahingehend, mit welchen Betriebsmitteln die Nutzen *Elektrizitätsversorgung* und *Durchleitung* auf technischer Ebene auszubringen sind. Die erste wichtige Erkenntnis aus diesem Kapitel ist daher, dass der funktionale und technische Status quo des Netzes von den Elektrizitätsversorgungsunternehmen weitgehend ohne vorherige rechtliche Vorgaben gestaltet wurde und nicht zwingend endgültig feststeht.

Die Gestaltungsfreiheit derjenigen Elektrizitätsversorgungsunternehmen, die dem Tatbestand des Netzbetreibers unterfallen, wurde durch die Elektrizitätsrichtlinie 96/92/EG und ihre Nachfolgerichtlinien erheblich eingeschränkt, jedoch nicht vollständig ausgeschlossen. Im Rahmen der Beschränkungen durch die europäische Regulierung verbleibt Netzbetreibern also ein Rest an unternehmerischer Freiheit, dessen Ausmaß im nachfolgenden Teil untersucht wird.

Teil C. Der Rechtsbegriff Netz im europäischen und deutschen Recht

§ 11 Der Tatbestand Netz

Mit der Elektrizitätsrichtlinie 96/92/EG wurde die sektorspezifische Regulierung der Elektrizitätswirtschaft an den Begriff *Netzbetreiber* geknüpft.[93] Wie in Teil A dargestellt, definieren die einschlägigen Regelungswerke den Netzbegriff nicht.[94] Die Bedeutung des Begriffs muss daher im Wege der Auslegung ermittelt werden. Da eine Definition des Netzes im Text der Elektrizitätsrichtlinie 96/92/EG und ergiebige historische Dokumente zu ihrer Entstehung fehlen, konzentriert sich die folgende Auslegung auf die Systematik und den Zweck der einschlägigen Regelwerke, sowie die dabei zu berücksichtigenden Maßgaben des Primärrechts der Europäischen Union.

I. Systematik der Elektrizitätsrichtlinie (EU) 2019/944

Die Elektrizitätsrichtlinie (EU) 2019/944 enthält zwar keine der Wortlausauslegung zugängliche Definition des Begriffs *Netz*. Sie kennt jedoch andere netzbezogene Begriffsbestimmungen, Vorgaben zur Entflechtung des Netzbetriebs von anderen Tätigkeiten der Elektrizitätsversorgung sowie – seit der letzten Neufassung durch die Richtlinie (EU) 2019/944 – Vorgaben zur Nutzung von Speichersystemen und zum Betrieb von Ladeinfrastruktur für Elektrofahrzeuge, die jeweils systematische Rückschlüsse auf den vom Unionsgesetzgeber zugrunde gelegten Netzbegriff erwarten lassen. Diese werden im Folgenden erörtert.

---

93 Vgl. Art. 17 ff. der Elektrizitätsrichtlinie 96/92/EG.

94 Siehe oben, unter Teil A § 1 I.

1. Begriffsbestimmungen

Die Elektrizitätsrichtlinie (EU) 2019/944 definiert in Art. 2 Nr. 29 und Nr. 35 die Begriffe *Übertragungsnetzbetreiber* und *Verteilernetzbetreiber*. Der Ausdruck *Verteilernetzbetreiber* bezeichnet gemäß Art. 2 Nr. 29 der Elektrizitätsrichtlinie (EU) 2019/944

> „eine natürliche oder juristische Person, die verantwortlich ist für den Betrieb, die Wartung sowie erforderlichenfalls den Ausbau des Verteilernetzes in einem bestimmten Gebiet und, sofern vorhanden, der Verbindungsleitungen zu anderen Netzen sowie für die Sicherstellung der langfristigen Fähigkeit des Netzes, eine angemessene Nachfrage nach Verteilung von Elektrizität zu decken".

Der Ausdruck *Übertragungsnetzbetreiber* bezeichnet gemäß Art. 2 Nr. 35 der Elektrizitätsrichtlinie (EU) 2019/944

> „eine natürliche oder juristische Person, die verantwortlich ist für den Betrieb, die Wartung sowie erforderlichenfalls den Ausbau des Übertragungsnetzes in einem bestimmten Gebiet und, sofern vorhanden, der Verbindungsleitungen zu anderen Netzen sowie für die Sicherstellung der langfristigen Fähigkeit des Netzes, eine angemessene Nachfrage nach Übertragung von Elektrizität zu decken".

Diese Definitionen enthalten jeweils zwei Teile. Im ersten Teil nimmt der Unionsgesetzgeber die technische Ebene des Stromtransports in Bezug. Insoweit sind die Netzbetreiber verantwortlich für „den Betrieb, die Wartung sowie erforderlichenfalls den Ausbau", also dafür, dass die technische Ebene des Netzes die an sie gestellten funktionalen Anforderungen erfüllt. Im zweiten Teil der Definitionen beschreibt der Unionsgesetzgeber die funktionalen Anforderungen an das Übertragungs- beziehungsweise das Verteilernetz, nämlich die Fähigkeit, eine angemessene Nachfrage nach Übertragung beziehungsweise Verteilung von Elektrizität zu decken. Übertragungs- und Verteilernetzbetreiber unterscheiden sich also dadurch, dass erstere für den Betrieb, die Wartung und den Ausbau des Übertragungsnetzes und die Deckung der Nachfrage nach Übertragung und letztere für den Betrieb, die Wartung und den Ausbau des Verteilernetzes und die Deckung der Nachfrage nach Verteilung von Elektrizität verantwortlich sind.

An dieser Stelle zeigt sich bereits, dass aus Sicht des Unionsgesetzgebers wesentliches Merkmal des Netzes dessen Funktion ist. Es handelt sich um technische Infrastruktur, die auf funktionaler Ebene den Nutzen *Übertragung* beziehungsweise *Verteilung* dient.

a) Betrieb, Wartung und Ausbau des Übertragungs- beziehungsweise Verteilernetzes

Hinweise zur Gestaltung der technischen Infrastruktur der Netze lassen sich aus den vorgenannten Begriffsbestimmungen kaum ableiten. Der Unionsgesetzgeber verwendet mit *Übertragungsnetz* und *Verteilernetz* Begriffe aus der elektrizitätswirtschaftlichen Praxis.[95] Da die Elektrizitätsrichtlinie (EU) 2019/944 diese Begriffe nicht definiert oder erläutert, ist davon auszugehen, dass der Unionsgesetzgeber sich den Wortsinn der Praxis zu eigen macht. Hieran gemessen lässt sich dem ersten Teil der Definitionen in Art. 2 Nr. 29 und Nr. 35 der Elektrizitätsrichtlinie (EU) 2019/944 nicht mehr entnehmen, als dass jedenfalls diejenige technische Infrastruktur Übertragungs- beziehungsweise Verteilernetz im Rechtssinne ist, welche die elektrizitätswirtschaftliche Praxis bei Erlass der Elektrizitätsrichtlinie als solche genutzt hat. Demnach sind Übertragungs- beziehungsweise Verteilernetze physische Leitungssysteme unterschiedlicher Spannungsebenen, die mehrere Kraftwerke und Kunden verbinden sowie der zum Betrieb dieser Leitungssysteme erforderliche Koordinierungskomplex,[96] für den der Unionsgesetzgeber den ebenfalls der elektrizitätswirtschaftlichen Praxis entnommenen Begriff *Systemdienstleistungen* verwendet.[97] Die Elektrizitätsrichtlinie (EU) 2019/944 grenzt dabei Übertragungs- und Verteilernetze von Direktleitungen ab, die jeweils ein einzelnes Kraftwerk mit einem einzelnen Kunden verbinden und neben der physischen Leitungsinfrastruktur keinen Koordinierungskomplex erfordern.[98] Welche technische

---

95 Siehe oben, Teil B, § 6.

96 Dass die Elektrizitätsrichtlinie (EU) 2019/944 in Übereinstimmung mit der elektrizitätswirtschaftlichen Praxis davon ausgeht, dass die technische Ebene des Netzes sowohl physische Infrastruktur als auch einen Koordinierungskomplex umfasst, wird an vielen Stellen der Elektrizitätsrichtlinie deutlich: vgl. zum einen Art. 41 Abs. 1, 43 Abs. 1 a) („Eigentümer eines Übertragungsnetzes"), Art. 44 Abs. 4, 45 Abs. 1, 2 („Übertragungsnetzeigentümer"), Art. 46 Abs. 1 a) („Vermögenswerte […], einschließlich des Übertragungsnetzes, müssen Eigentum des Übertragungsnetzbetreibers sein") und zum anderen Art. 2 Nr. 48 („zum Betrieb eines Übertragungs- oder Verteilernetzes erforderliche Dienstleistung"), Art. 46 Abs. 2 d) („einschließlich Entgelten für Systemdienstleistungen").

97 Art. 2 Nrn. 48, 49 der Elektrizitätsrichtlinie (EU) 2019/944.

98 Vgl. Art. 2 Nr. 41 der Elektrizitätsrichtlinie (EU) 2019/944.

Infrastruktur neben der überkommenen Gestaltung der Leitungssysteme und des Koordinierungskomplexes zum Übertragungs- oder Verteilernetz gehören kann, lässt sich aus den Begriffsbestimmungen jedoch nicht ableiten.

b) Deckung der Nachfrage nach Übertragung und Verteilung

Auch die nähere Betrachtung der vom Unionsgesetzgeber vorgesehenen Netzfunktionen *Übertragung* beziehungsweise *Verteilung* ist zur Konkretisierung des Netzbegriffs wenig ergiebig. Den Begriff *Übertragung* definiert Art. 2 Nr. 34 der Elektrizitätsrichtlinie (EU) 2019/944 als

> „Transport von Elektrizität über ein Höchstspannungs- und Hochspannungsverbundnetz zur Belieferung von Endkunden oder Verteilern, jedoch mit Ausnahme der Versorgung".

Der Begriff *Verteilung* meint gemäß Art. 2 Nr. 28 der Elektrizitätsrichtlinie (EU) 2019/944 den

> „Transport von Elektrizität mit Hoch-, Mittel- oder Niederspannung über Verteilernetze zur Belieferung von Kunden, jedoch mit Ausnahme der Versorgung".

Die Begriffe *Übertragung* und *Verteilung* beschreiben also jeweils den Nutzen *Transport von Elektrizität*. Der Unterschied zwischen Übertragung und Verteilung liegt lediglich in der Spannungsebene, die zur Ausbringung dieses Nutzens auf technischer Ebene genutzt wird. Was unter *Transport von Elektrizität* zu verstehen ist, bestimmt die Richtlinie (EU) 2019/944 nicht. Bemerkenswerterweise kommt der Begriff *Transport* in der Elektrizitätsrichtlinie (EU) 2019/944 überhaupt nur in den Definitionen der Begriffe *Übertragung* und *Verteilung* und einmal in den Erwägungsgründen vor.[99] Dies ist insofern problematisch, als der Nutzen *Transport von Elektrizität* ein normatives Konstrukt ist. Auf technischer Ebene lassen sich Elektronen nicht zielgerichtet von einer Stelle im Leitungssystem zu einer anderen transportieren. Vielmehr verteilen sich eingespeiste Elektronen nach Maßgabe des geringsten Widerstands im Leitungssystem.[100] An der Entnah-

---

99 Gemäß Erwägungsgrund 37 der Elektrizitätsrichtlinie (EU) 2019/944 sollen Echtzeit-Preissignale Verbrauchern „den Wert und die Kosten von Elektrizität oder deren Transport" aufzeigen.

100 Vgl. *Müller*, Elektrizitätswirtschaft, S. 39 f.

mestelle werden andere Elektronen entnommen. Der Nutzen *Transport von Elektrizität* kann bis zu einem gewissen Grad willkürlich definiert werden.[101] Daher hilft die aus den Begriffsbestimmungen in Art. 2 Nr. 28 und Nr. 34 der Elektrizitätsrichtlinie (EU) 2019/944 ableitbare Aussage, das Netz diene dem Transport, bei der Bestimmung des Netzbegriffs kaum weiter.

c) „Mit Ausnahme der Versorgung"

Die Definitionen der Begriffe *Übertragung* und *Verteilung* enthalten jeweils den Zusatz „mit Ausnahme der Versorgung". Versorgung ist gemäß Art. 2 Nr. 12 der Elektrizitätsrichtlinie (EU) 2019/944 der „Verkauf, einschließlich des Weiterverkaufs, von Elektrizität an Kunden". Der Begriff *Kunde* bezeichnet einen „Großhändler bzw. Endkunden, der Elektrizität kauft".[102] Großhändler kaufen Elektrizität „zum Zwecke des Weiterverkaufs"[103] und Endkunden tun dies „für den eigenen Verbrauch".[104] Richtet man sich also streng nach dem Wortlaut dieser Begriffsbestimmungen, ist praktisch jedweder Verkauf von Elektrizität *Versorgung*. Die Systematik der Elektrizitätsrichtlinie (EU) 2019/944 gebietet jedoch eine einschränkende Auslegung dieses Wortlautergebnisses. Wäre tatsächlich jeder Verkauf von Elektrizität *Versorgung*, bliebe für den von der Elektrizitätsrichtlinie (EU) 2019/944 vorausgesetzten Markt für *Erzeugung* kein Raum. Richtigerweise ist daher unter *Versorgung* – wie noch gezeigt wird – die Vermarktung des Nutzens *Elektrizitätsversorgung* zu verstehen, also der bedarfsgerechten Bereitstellung von Wirkenergie am Anschluss des Kunden.[105] Dem Zusatz „mit Ausnahme der Versorgung" lässt sich also nur entnehmen, dass die Nutzen *Übertragung* und *Verteilung* jeweils ein Minus zum Nutzen *Elektrizitätsversorgung* sind.

---

101 Siehe etwa der Vorschlag, eine zeitlich begrenzte „Aufbewahrung" eingespeister Elektronen durch Netzbetreiber unter den Begriff *Transport* zu fassen: *Riewe/Sauer*, EWeRK 2014, 79 [85]; *Sauer*, in: FS Schwintowski, 658 [667 f.].

102 Art. 2 Nr. 1 der Elektrizitätsrichtlinie (EU) 2019/944.

103 Art. 2 Nr. 2 der Elektrizitätsrichtlinie (EU) 2019/944.

104 Art. 2 Nr. 3 der Elektrizitätsrichtlinie (EU) 2019/944.

105 Siehe unten, Teil C § 12 III 2.

d) Zwischenergebnis

Es zeigt sich, dass die netzbezogenen Begriffsbestimmungen der Elektrizitätsrichtlinie (EU) 2019/944 wenig Orientierung bei der Konkretisierung des Netzbegriffs bieten. Ihnen lässt sich entnehmen, dass die von den Elektrizitätsversorgungsunternehmen auf technischer Ebene entwickelten Leitungssysteme mitsamt dem dazugehörigen Koordinierungskomplex Netze im Rechtssinne sind, die von einfachen Leitungen abzugrenzen sind. Zudem machen sie deutlich, dass Netze auf funktionaler Ebene den Nutzen *Transport von Elektrizität* erbringen, der vom Nutzen *Elektrizitätsversorgung* zu unterscheiden ist. Systematische Rückschlüsse darauf, welche technischen Gestaltungen abweichend von der überkommenen Struktur der heutigen Übertragungs- und Verteilernetze denkbar sind und was unter *Transport von Elektrizität* zu verstehen ist, lässt sich den netzbezogenen Begriffsbestimmungen der Elektrizitätsrichtlinie (EU) 2019/944 nicht entnehmen.

2. Regelungen zur Entflechtung

Eine weitere Annäherung an den Begriff *Netz* lassen die Entflechtungsvorgaben der Elektrizitätsrichtlinie (EU) 2019/944 erwarten. Dem Begriff *Netz* unterfällt nämlich jedenfalls dasjenige nicht, was vom Netzbetrieb zu entflechten ist. Die Elektrizitätsrichtlinie (EU) 2019/944 verlangt in Art. 43 ff. von den Übertragungsnetzbetreibern eine Entflechtung der Tätigkeiten *Erzeugung* und *Versorgung*. Wie bereits unter Teil C § 11 I 1 festgestellt, wird die Arbeit im weiteren Verlauf zeigen, dass mit *Versorgung* der Nutzen *Elektrizitätsversorgung* gemeint ist.[106] *Erzeugung* ist gemäß Art. 2 Nr. 37 der Elektrizitätsrichtlinie (EU) 2019/944 die „Produktion von Elektrizität“. Diese Formulierung legt die Deutung nahe, der Begriff *Erzeugung* sei ein Begriff der technischen Ebene und erfasse jedes Herstellen elektrischer Ladungen, unabhängig davon, welchen Nutzen diese Ladungen auf funktionaler Ebene erbringen. Richtigerweise ist jedoch unter *Erzeugung* – wie noch gezeigt wird – ebenfalls eine Form der Vermarktung von Elektrizität zu verstehen.[107] Es handelt sich um die Vermarktung einer fahrplanmäßigen Einspeisung von Wirkenergie am Anschluss des Anbieters. Damit lässt sich aus der Verpflichtung zur Entflechtung von *Erzeugung* und *Versorgung*

---

106 Siehe unten, Teil C § 12 III 2.
107 Siehe unten, Teil C § 12 III 1.

vom Übertragungsnetzbetrieb folgern, dass der Übertragungsnetzbetrieb von der Vermarktung der Nutzen *Elektrizitätsversorgung* und *Einspeisung von Wirkenergie* zu unterscheiden sind. Für den Netzbegriff folgt daraus, dass jedenfalls diese Vermarktungstätigkeiten nicht den Begriffen *Übertragung* und *Übertragungsnetz* unterfallen.

Für Verteilernetzbetreiber verlangt Art. 35 Abs. 1 der Elektrizitätsrichtlinie (EU) 2019/944 unter bestimmten Voraussetzungen eine Entflechtung der „übrigen Tätigkeitsbereichen [...], die nicht mit der Verteilung zusammenhängen". Der Gehalt des Begriffs *übrige Tätigkeiten* beschränkt sich richtigerweise – wie noch gezeigt wird – im Wesentlichen auf die Tätigkeiten *Erzeugung* und *Versorgung*.[108] Daraus folgt, dass die Vermarktung der Nutzen *Elektrizitätsversorgung* und *Einspeisung von Wirkenergie* nicht den Begriffen *Verteilung* und *Verteilernetz* unterfallen. Insgesamt lässt sich damit den Entflechtungsregelungen lediglich entnehmen, dass der mit dem Begriff *Netz* beschriebene Nutzen *Transport von Elektrizität* von der Vermarktung der Nutzen *Elektrizitätsversorgung* und *Einspeisung von Wirkenergie* zu unterscheiden ist.

3. Regelungen zur Speicherung

Mit der Elektrizitätsrichtlinie (EU) 2019/944 wurden erstmals Regelungen zur Nutzung von Stromspeicheranlagen durch Netzbetreiber eingeführt. Es liegt nahe, diesen Regelungen systematische Anhaltspunkte für die Rolle von Stromspeichern im Rahmen des Transports von Elektrizität und damit für den Begriff *Netz* zu entnehmen. Art. 2 Nr. 60 der Elektrizitätsrichtlinie (EU) 2019/944 definiert eine Energiespeicheranlage als

> „im Elektrizitätsnetz eine Anlage, in der Energiespeicherung erfolgt".

Energiespeicherung ist in Art. 2 Nr. 59 der Elektrizitätsrichtlinie (EU) 2019/944 definiert als

> „im Elektrizitätsnetz die Verschiebung der endgültigen Nutzung elektrischer Energie auf einen späteren Zeitpunkt als den ihrer Erzeugung oder die Umwandlung elektrischer Energie in eine speicherbare Energieform, die Speicherung solcher Energie und ihre anschließende Rückumwandlung in elektrische Energie oder Nutzung als ein anderer Energieträger".

108 Siehe unten, Teil C § 12 III.

Energiespeicheranlagen sind also Anlagen, die auf funktionaler Ebene den Nutzen *Energiespeicherung* erbringen. Auffällig ist, dass die vorstehenden Definitionen jeweils voraussetzen, dass dieser Nutzen „im Elektrizitätsnetz" erbracht wird. Stromspeicherung außerhalb des Elektrizitätsnetzes wird nicht erfasst[109] und in der Elektrizitätsrichtlinie (EU) 2019/944 nicht geregelt.

Ausweislich der Erwägungsgründe der Elektrizitätsrichtlinie (EU) 2019/944 sollen Netzbetreiber den Nutzen *Energiespeicherung* im Rahmen des Netzbetriebs einbeziehen, etwa um kostspieligen Netzausbau zu vermeiden.[110] Den Netzbetreibern ist jedoch gemäß Art. 36 Abs. 1, Art. 54 Abs. 1 der Elektrizitätsrichtlinie (EU) 2019/944 grundsätzlich nicht gestattet, Eigentümer von Energiespeicheranlagen zu sein oder diese zu errichten, zu verwalten oder zu betreiben. Der Nutzen *Energiespeicherung* zur Verwendung im Rahmen des Elektrizitätsnetzes soll vielmehr „marktgestützt und wettbewerblich" durch Nicht-Netzbetreiber erbracht werden.[111] Netzbetreiber sollen diesen Nutzen bei Bedarf von diesen Marktteilnehmern erwerben.[112] Dieser scheinbar klare Grundsatz wird jedoch durch weitgehende Ausnahmen relativiert. Die Mitgliedstaaten können gemäß Art. 36 Abs. 2, Art. 54 Abs. 2 der Elektrizitätsrichtlinie (EU) 2019/944 Netzbetreibern erlauben, nach Genehmigung durch die nationale Regulierungsbehörde Eigentümer von Energiespeicheranlagen zu sein oder diese zu errichten, zu verwalten oder zu betreiben, wenn es sich um „vollständig integrierte Netzkomponenten" handelt.[113] Diese sind in Art. 2 Nr. 51 der Elektrizitätsrichtlinie (EU) 2019/944 definiert als

109 Vgl. Art. 15 Abs. 5 der Elektrizitätsrichtlinie (EU) 2019/944, der im Falle eines Stromspeichers, der von aktiven Kunden – also außerhalb des Elektrizitätsnetzes für Zwecke des Elektrizitätskaufs oder -verkaufs – verwendet wird, von „Speicheranlage" anstelle von „Energiespeicheranlage" spricht.

110 Erwägungsgrund 61 der Elektrizitätsrichtlinie (EU) 2019/944.

111 Erwägungsgrund 62 der Elektrizitätsrichtlinie (EU) 2019/944.

112 Erwägungsgründe 61, 62, Art. 32 Abs. 1 der Elektrizitätsrichtlinie (EU) 2019/944; vgl. auch Art. 3 Abs. 1 f), 18 Abs. 4 c) der Verordnung (EU) 2017/2195 der Kommission vom 23.11.2017 zur Festlegung einer Leitlinie über den Systemausgleich im Elektrizitätsversorgungssystem.

113 In der deutschen Fassung suggeriert die Formulierung von Art. 36 Abs. 2 der Elektrizitätsrichtlinie (EU) 2019/944 missverständlich, die Mitgliedstaaten könnten Verteilernetzbetreibern das Eigentum an Speichern und die Errichtung, die Verwaltung und den Betrieb von Speichern ohne Einschränkung erlauben, also auch bei Speichern, die nicht vollständig netzintegrierte Netzkomponenten sind; vgl. jedoch die Parallelregelung in Art. 54 Abs. 2 und die englische Fassung von Art. 36 Abs. 2 der Elektrizitätsrichtlinie (EU) 2019/944.

> „Netzkomponenten, die in das Übertragungs- oder Verteilernetz integriert sind, einschließlich Energiespeicheranlagen, und die ausschließlich der Aufrechterhaltung des sicheren und zuverlässigen Betriebs des Übertragungs- oder Verteilernetzes und nicht dem Systemausgleich- oder Engpassmanagement dienen".

Netzbetreibern kann also erlaubt werden, den Nutzen *Energiespeicherung* selbst auszubringen, soweit dieser Nutzen der Übertragung oder Verteilung – also dem Nutzen *Transport von Elektrizität* – dient, jedoch nur soweit die Energiespeicherung nicht im Rahmen des *Systemausgleichs* oder *Engpassmanagements* erfolgt.[114] Daneben können die Mitgliedstaaten gemäß Art. 36 Abs. 2, Art. 54 Abs. 2 der Elektrizitätsrichtlinie (EU) 2019/944 Netzbetreibern die Errichtung, die Verwaltung und den Betrieb von Energiespeichern erlauben, wenn dies zur Aufrechterhaltung eines leistungsfähigen, zuverlässigen und sicheren Netzbetriebs – also zur Ausbringung des Nutzens *Transport von Elektrizität* – erforderlich ist, der Speicher nicht verwendet wird, um Elektrizität auf Strommärkten zu kaufen oder zu verkaufen und ein erfolgloses Ausschreibungsverfahren für den vom Speicher zu erbringenden Nutzen durchgeführt wurde.

Im Ergebnis laufen die vorgenannten Regelungen also darauf hinaus, dass der Nutzen *Energiespeicherung* beim Transport von Elektrizität eine Rolle spielen kann, den Netzbetreibern jedoch im Grundsatz ein Fremdbezug des Nutzens *Energiespeicherung* vorgegeben ist. In bestimmten Fällen können jedoch auch Netzbetreiber für Zwecke des Transports von Elektrizität Energiespeicher im Eigentum halten, errichten, verwalten oder betreiben. Da jedoch unklar bleibt, was der Unionsgesetzgeber unter dem Transport von Elektrizität versteht, ist der systematische Aussagegehalt der Speichervorschriften für den Begriff *Netz* begrenzt.

4. Regelungen zu Ladeinfrastruktur für Elektrofahrzeuge

Mit der Elektrizitätsrichtlinie (EU) 2019/944 wurden zudem erstmals Regelungen für den Aufbau und Betrieb von Ladeinfrastruktur für Elektrofahrzeuge durch Netzbetreiber eingeführt. Nach Art. 33 Abs. 2 der Elektrizitätsrichtlinie (EU) 2019/944 ist es Netzbetreibern grundsätzlich nicht gestattet, Eigentümer von Ladepunkten für Elektrofahrzeuge zu sein oder diese Ladepunkte zu entwickeln, zu verwalten oder zu betreiben. Dies

114 Siehe zur Ratio dieser Regelung unten, Teil C § 12 II 2 b).

scheint vordergründig dafür zu sprechen, dass Ladepunkte nicht Bestandteil des Netzes sein können. Die Mitgliedstaaten können jedoch nach Art. 33 Abs. 3 der Elektrizitätsrichtlinie (EU) 2019/944 Verteilernetzbetreibern ausnahmsweise den Aufbau von Ladepunkten gestatten, wenn zuvor ein erfolgloses Ausschreibungsverfahren für die entsprechenden Standorte durchgeführt wurde. Dies soll den Aufbau von Ladeinfrastruktur im Falle eines regionalen Marktversagens ermöglichen.[115] Solchermaßen von Netzbetreibern betriebene Ladepunkte müssen nach Art. 33 Abs. 3a) der Elektrizitätsrichtlinie (EU) 2019/944 auf Grundlade des Zugangs Dritter und diskriminierungsfrei betrieben werden. Sie unterliegen also ähnlich wie das Netz der Zugangsregulierung. Offen bleibt jedoch, ob solche Ladepunkte rechtlich gesehen Bestandteil des Netzes werden, so dass sämtliche Rechtsfolgen der elektrizitätswirtschaftlichen Regulierung auf sie anzuwenden sind.

5. Zwischenergebnis

Zusammenfassend lässt sich feststellen, dass eine systematische Auslegung der netzbezogenen Begriffsbestimmungen, der Regelung zur Entflechtung sowie der Regelungen zu Energiespeichern in der Elektrizitätsrichtlinie (EU) 2019/944 für die Bestimmung des Begriffs *Netz* wenig ergiebig ist. Ihr lässt sich lediglich entnehmen, dass der Unionsgesetzgeber unter einem Netz eine Infrastruktur versteht, die dem Nutzen *Transport von Elektrizität* dient und in Abgrenzung zu Direktleitungen einen Koordinierungskomplex aus verschiedenen so genannten Systemdienstleistungen erfordert. Was der Nutzen *Transport von Elektrizität* umfasst, lässt die Elektrizitätsrichtlinie (EU) 2019/944 offen. Aus den netzbezogenen Begriffsbestimmungen und den Entflechtungsregelungen lässt sich lediglich der systematische Schluss ziehen, dass der Transport von bestimmten Formen der Vermarktung von Elektrizität – nämlich *Erzeugung* und *Versorgung* – zu unterscheiden ist.

---

115 BT-Drucks. 165/21, S. 105.

II. Begriffsbestimmungen der Gasrichtlinie 2009/73/EG

Parallel zur Elektrizitätsrichtlinie (EU) 2019/944 sieht auch die Gasrichtlinie 2009/73/EG[116] für den Gassektor eine Zugangsregulierung, Entgeltregulierung und Entflechtung vor, die an den Begriff *Netz* anknüpfen.[117] Anders als die Elektrizitätsrichtlinie (EU) 2019/944 enthält die Gasrichtlinie 2009/73/EG eine Definition des Begriffs *Netz*. Daher erscheint es angebracht zu untersuchen, ob der gasrechtliche Netzbegriff bei der Konkretisierung des elektrizitätswirtschaftlichen Netzbegriffs fruchtbar gemacht werden kann.

Gemäß Art. 2 Nr. 13 Gasrichtlinie 2009/73/EG bezeichnet der Ausdruck *Netz*

> „alle Fernleitungsnetze, Verteilernetze, LNG-Anlagen und/oder Speicheranlagen, die einem Erdgasunternehmen gehören und/oder von ihm betrieben werden, einschließlich Netzpufferung und seiner Anlagen, die zu Hilfsdiensten genutzt werden, und der Anlagen verbundener Unternehmen, die für den Zugang zur Fernleitung, zur Verteilung und zu LNG-Anlagen erforderlich sind".

Es handelt sich also um einen Sammelbegriff, der Fernleitungsnetze, Verteilernetze, LNG-Anlagen und Speicheranlagen einschließlich der Netzpufferung zusammenfasst.

1. Fernleitungsnetze und Verteilernetze

In Bezug auf die Begriffe *Fernleitungsnetz* und *Verteilernetz* verhält sich die Gasrichtlinie 2009/73 ähnlich wie die Elektrizitätsrichtlinie (EU) 2019/944 in Bezug auf die Parallelbegriffe *Übertragungsnetz* und *Verteilernetz*: Die Begriffe *Fernleitungsnetz* und *Verteilernetz* selbst werden in der Gasrichtlinie 2009/73/EG nicht definiert. Definiert werden die Begriffe *Fernleitungsnetzbetreiber* und *Verteilernetzbetreiber*.[118] Dies sind Personen, die – auf technischer Ebene – für den Betrieb, die Wartung und den Ausbau des Fernleitungsnetzes beziehungsweise Verteilernetzes verantwortlich sind

---

116 Richtlinie 2009/73/EG des Europäischen Parlaments und des Rates vom 13. Juli 2009 über gemeinsame Vorschriften für den Erdgasbinnenmarkt und zur Aufhebung der Richtlinie 2003/55/EG, ABl. L 211 vom 14.8.2009, S. 94.

117 Art. 9, 26, 32 der Richtlinie 2009/73/EG.

118 Art. 2 Nrn. 4, 6 der Richtlinie 2009/73/EG.

und – auf funktionaler Ebene – die Funktion *Fernleitung* beziehungsweise *Verteilung* wahrnehmen. Die Begriffe *Fernleitung* und *Verteilung* sind definiert als *Transport von Erdgas* durch Hochdruckfernleitungen beziehungsweise örtliche oder regionale Leitungsnetze, jedoch mit Ausnahme der Versorgung.[119] Was unter *Transport von Erdgas* zu verstehen ist, wird ebenso wenig definiert wie in der Elektrizitätsrichtlinie (EU) 2019/944. Die gasrechtlichen Begriffe *Fernleitungsnetz* und *Verteilernetz* bieten also bei der Auslegung des elektrizitätswirtschaftlichen Netzbegriffs keinen zusätzlichen Erkenntnisgewinn.

2. LNG-Anlagen

Neben Fernleitungsnetzen und Verteilernetzen umfasst der Begriff *Netz* in Art. 2 Nr. 13 der Gasrichtlinie 2009/73/EG LNG-Anlagen. LNG steht für liquefied natural gas – also verflüssigtes Erdgas. LNG-Anlagen sind Terminals, in denen verflüssigtes Erdgas, das von Tankern oder Lastwagen angeliefert wird, für den leitungsgebundenen Transports verdampft oder für den umgekehrten Transportweg verflüssigt wird.[120] Es handelt sich um eine Besonderheit der Gaswirtschaft, die für den Elektrizitätssektor keine Bedeutung hat. Sie wird hier nur der Vollständigkeit halber erläutert.

3. Speicheranlagen einschließlich Netzpufferung

Schließlich umfasst der Begriff *Netz* in Art. 2 Nr. 13 der Gasrichtlinie 2009/73/EG „Speicheranlagen einschließlich […] Netzpufferung". Der Ausdruck *Speicheranlage* bezeichnet gemäß Art. 2 Nr. 9 der Gasrichtlinie 2009/73/EG

> „eine einem Erdgasunternehmen gehörende und/oder von ihm betriebene Anlage zur Speicherung von Erdgas, einschließlich des zu

---

119 Art. 2 Nrn. 3, 5 der Richtlinie 2009/73/EG.

120 Vgl. die Definition der LNG-Anlage in Art. 2 Nr. 11 der Richtlinie 2009/73/EG: „eine Kopfstation zur Verflüssigung von Erdgas oder zur Einfuhr, Entladung und Wiederverdampfung von verflüssigtem Erdgas; darin eingeschlossen sind Hilfsdienste und die vorübergehende Speicherung, die für die Wiederverdampfung und die anschließende Einspeisung in das Fernleitungsnetz erforderlich sind, jedoch nicht die zu Speicherzwecken genutzten Teile von LNG-Kopfstationen".

> Speicherzwecken genutzten Teils von LNG-Anlagen, jedoch mit Ausnahme des Teils, der für eine Gewinnungstätigkeit genutzt wird; ausgenommen sind auch Einrichtungen, die ausschließlich Fernleitungsnetzbetreibern bei der Wahrnehmung ihrer Funktionen vorbehalten sind".

Speicheranlagen sind also ähnlich wie in der Elektrizitätsrichtlinie (EU) 2019/944 Anlagen, die auf funktionaler Ebene den Nutzen *Speicherung* erbringen. Soweit sie den Nutzen *Speicherung* erbringen, fallen auch LNG-Anlagen darunter. Entscheidend ist also eine funktionale Betrachtung. Erbringt eine Anlage den Nutzen *Speicherung*, handelt es sich insoweit um eine *Speicheranlage*, auch wenn diese Anlage zuweilen auch andere Nutzen – etwa *Gewinnung* – erbringt. Diese funktionale Betrachtung wird unterstrichen durch den Zusatz „ausgenommen sind auch Einrichtungen, die ausschließlich Fernleitungsnetzbetreibern bei der Wahrnehmung ihrer Funktionen vorbehalten sind". Die Funktion der Fernleitungsnetzbetreiber ist der Transport von Erdgas.[121] Dies bedeutet, dass es Speichervorgänge gibt, die auf funktionaler Ebene dem Nutzen *Transport von Erdgas* zuzuordnen sind. Die hierzu genutzten Anlagen sind keine *Speicheranlagen* im Rechtssinne. Leider definiert die Gasrichtlinie 2009/73/EG weder den Begriff *Speicherung* noch den Begriff *Transport von Erdgas*.

Ein identisches Bild ergibt sich beim Begriff *Netzpufferung*. Diese ist in Art. 2 Nr. 15 der Gasrichtlinie 2009/73/EG definiert ist als

> „Speicherung von Gas durch Verdichtung in Erdgasfernleitungs- und Erdgasverteilernetzen; ausgenommen sind Einrichtungen, die Fernleitungsnetzbetreibern bei der Wahrnehmung ihrer Funktionen vorbehalten sind".

Ganz im Sinne der funktionalen Betrachtung kann also auch die Leitungsinfrastruktur der Fernleitungs- und Verteilernetze den Nutzen *Speicherung* erbringen. Soweit sie dies tut, handelt es sich um Netzpufferung. Bestimmte Speichervorgänge dienen jedoch den Fernleitungsnetzbetreibern bei der Ausbringung des Nutzens *Transport von Erdgas*. Insoweit handelt es sich nicht um Netzpufferung.

---

121 Art. 2 Nr. 4 der Gasrichtlinie 2009/73/EG.

4. Zwischenergebnis

Die Regelungen in der Gasrichtlinie 2009/73/EG ähneln weitgehend den Parallelregelungen in der Elektrizitätsrichtlinie (EU) 2019/944. Die Gasrichtlinie 2009/73/EG kennt Fernleitungs- und Verteilernetze. Dabei handelt es sich um Infrastruktur, die dem Nutzen *Transport von Erdgas* dient. Ausweislich der Definitionen der Begriffe *Speicheranlage* und *Netzpufferung* kann es Speicheranlagen geben, die von den Netzbetreibern für den Transport von Erdgas verwendet werden. Diese Anlagen sind dann Bestandteil des Übertragungs- beziehungsweise Verteilernetzes. Der Nutzen *Transport von Erdgas* wird in der Gasrichtlinie 2009/73/EG nicht definiert. Insoweit bieten die netzbezogenen Begriffsbestimmungen der Gasrichtlinie 2009/73/EG für den elektrizitätswirtschaftlichen Netzbegriff keinen Erkenntnisgewinn.

Auch aus der Tatsache, dass die Gasrichtlinie 2009/73/EG eine Definition des Begriffs *Netz* enthält, lassen sich für den elektrizitätswirtschaftlichen Netzbegriff keine Schlüsse ziehen. Es handelt sich um einen Sammelbegriff, der neben Fernleitungs- und Verteilernetzen LNG-Anlagen, Speicheranlagen und die Netzpufferung erfasst. Speicheranlagen und die Netzpufferung sind in der Gasrichtlinie 2009/73/EG der Regulierung unterworfen.[122] Dies steht jedoch im Kontext der technischen und ökonomischen Besonderheiten der Gaswirtschaft. So muss im Unterschied zur Elektrizitätswirtschaft ein Großteil des in Deutschland verbrauchten Erdgases aus dem Ausland importiert werden.[123] Da der Verbrauch von Erdgas stark saisonal ist,[124] muss es in großen Mengen über Monate hinweg gespeichert werden.[125] Bei der Gasversorgung spielt der Nutzen *Speicherung* also eine

---

122 Fernleitungsnetzbetreiber unterliegen grundsätzlich einer eigentumsrechtlichen Entflechtung und einem regulierten Netzzugang (Art. 9, 32 der Richtlinie 2009/73/EG); Verteilernetzbetreiber unterliegen einer rechtlichen und organisatorischen Entflechtung sowie einem regulierten Netzzugang (Art. 26, 32 der Richtlinie 2009/73/EG); Speicheranlagenbetreiber unterliegen einer rechtlichen und organisatorischen Entflechtung sowie einem verhandelten Netzzugang (Art. 15, 33 der Richtlinie 2009/73/EG); die Netzpufferung unterliegt nur einem verhandelten Netzzugang (Art. 33 der Richtlinie 2009/73/EG).

123 *BMWi*, Versorgungssicherheit bei Erdgas – Monitoring Bericht nach § 51 EnWG, S. 19.

124 https://www.bdew.de/media/documents/Erdgasverbrauch_Vgl_VJ_monatlich_online_o_monatlich_Ki_13012021.pdf, abgerufen am 30.09.2021.

125 *Stronizk/Rammerstorfer/Neumann*, Wettbewerb im Markt für Erdgasspeicher, S. 4.

ungleich wichtigere Rolle als im Elektrizitätssektor.[126] Hinzu kommt, dass die Gasspeicherung in ausgeförderten Erdgasfeldern, Salzstöcken oder Gesteinsschichten erfolgen muss.[127] Die Standorte für die Gasspeicherung sind also durch geologische Gegebenheiten beschränkt. Schließlich besteht die Besonderheit, dass einem etablierten Gasversorgungsmonopolisten aufgrund des Volumens seiner Rohrleitungen eine gewisse Speicherkapazität in Gestalt der Netzpufferung praktisch kostenlos zur Verfügung steht.[128] Einen solchen Vorteil genießt ein etablierter Elektrizitätsversorgungsmonopolist nicht. Angesichts dieser Unterschiede zwischen Gas- und Elektrizitätswirtschaft im Stellenwert des Nutzens *Speicherung* und in der Schwierigkeit seiner Beschaffung lässt sich aus den Regelungen zur Speicherung im Gasrecht nicht ohne Weiteres ein systematischer Schluss für den Elektrizitätssektor ziehen. Dies gilt umso mehr, als der Unionsgesetzgeber die Gasrichtlinie 2009/73/EG und die Vorgängerrichtlinie der heutigen Elektrizitätsrichtlinie (EU) 2019/944 EG zeitgleich erlassen[129] und trotz zahlreicher Parallelregelungen in diesem Punkt eine unterschiedliche Regelung getroffen hat.

III. Systematik des deutschen Rechts

Nachdem die Systematik der europäischen Regulierung im Elektrizitäts- und Gassektor keine wesentliche Konkretisierung des elektrizitätswirtschaftlichen Netzbegriffs erlaubt, sollen im Folgenden die nationalen Umsetzungsregeln des EnWG untersucht werden.

1. Begriffsbestimmungen

Das EnWG orientiert sich weitgehend an den Begriffsbestimmungen der Elektrizitätsrichtlinie (EU) 2019/944.[130] Die Begriffe *Übertragungsnetz-*

126 Siehe unten, Teil C § 11 V 2.

127 Vgl. *EID Energie Informationsdienst*, EEK 2019, S. 415 ff.

128 So haben die Netzbetreiber im aktuellen Netznutzungsmodell nach Gabi Gas die Speicherkapazität ihrer Gasleitungen als so genannte interne Regelenergie kostenlos anzubieten, vgl. BNetzA, BK7-14-020 (GaBi Gas 2.0), 4.3.6.1 und 4.3.7.2.

129 ABl. L 211 vom 14.8.2009, S. 55, 94.

130 Zum Teil verwendet das EnWG etwas andere Begrifflichkeiten als die Elektrizitätsrichtlinie (EU) 2019/944. So spricht es anstatt von Endkunden von Letztver-

betreiber[131], *Verteilernetzbetreiber*[132], *Übertragung*[133] und *Verteilung*[134] wurden weitgehend unverändert und ohne nähere Konkretisierung übernommen. Darüber hinaus enthält das EnWG einige zusätzliche netzbezogene Sammel- und Unterbegriffe, die jedoch stets den Begriff *Übertragungsnetz* oder *Verteilernetz* voraussetzen. So fasst das EnWG Übertragungs- und Verteilernetze unter dem Begriff *Elektrizitätsversorgungsnetze* zusammen.[135] Elektrizitätsversorgungsnetze und Gasversorgungsnetze nennt es zusammengefasst *Energieversorgungsnetze*.[136] Eine Sonderkategorie des Energieversorgungsnetzes ist das *Energieversorgungsnetz der allgemeinen Versorgung*.[137] Eine Sonderform des Verteilernetzes ist das *geschlossene Verteilernetz*.[138] Der Begriff *Netz* als Grundbegriff aller dieser Netzarten wird im EnWG jedoch ebenso wenig definiert wie in der Elektrizitätsrichtlinie (EU) 2019/944.

Eine weitere Besonderheit des EnWG sind die so genannten Kundenanlagen gemäß § 3 Nrn. 24 a) und 24 b) EnWG, die der Elektrizitätsrichtlinie (EU) 2019/944 unbekannt sind. Kundenanlagen sollen kraft gesetzlicher Anordnung in § 3 Nr. 16 EnWG keine Energieversorgungsnetze sein, so dass die Vermutung nahe liegt, der Begriff *Kundenanlage* lasse einen Rückschluss auf den Netzbegriff des EnWG zu. Diese Hoffnung wird jedoch enttäuscht, wenn man die Formulierung in § 3 Nr. 16 EnWG näher betrachtet. Danach sind Energieversorgungsnetze

> „Elektrizitätsversorgungsnetze und Gasversorgungsnetze über eine oder mehrere Spannungsebenen oder Druckstufen mit Ausnahme von Kundenanlagen [...]",

Diese Formulierung macht deutlich, dass Kundenanlagen und Netze keine disjunkten Kategorien sein sollen. Nach Ansicht des deutschen Gesetzge-

---

brauchern und anstatt von Versorgung von Belieferung, siehe Art. 2 Nrn. 2, 12 der Elektrizitätsrichtlinie (EU) 2019/944 und § 3 Nrn. 25, 36 EnWG. Zudem enthält das EnWG einige der Elektrizitätsrichtlinie (EU) 2019/944 unbekannte Begriffe wie die Anlage zur Fortleitung oder Abgabe von Energie (§ 3 Nr. 15 EnWG), die Verbindungsleitung (§ 3 Nr. 34 EnWG), die Kundenanlage (§ 3 Nr. 24, 24a EnWG), sowie das örtliche (§ 20 Abs. 1b S. 11 EnWG) und das geschlossene (§ 110 EnWG) Verteilernetz.

131 § 3 Nr. 10 EnWG.

132 § 3 Nr. 3 EnWG.

133 § 3 Nr. 32 EnWG.

134 § 3 Nr. 37 EnWG.

135 Vgl. § 3 Nr. 2 EnWG.

136 § 3 Nr. 16 EnWG.

137 § 3 Nr. 17 EnWG.

138 § 110 EnWG.

bers kann es also Kundenanlagen geben, die zugleich die Voraussetzungen des Elektrizitätsversorgungsnetzes erfüllen.[139] In diesem Fall soll die Kundenanlage kraft ausdrücklicher gesetzlicher Anordnung aus dem Netzbegriff ausgenommen sein. Dies soll ausweislich der Gesetzesbegründung Klarheit darüber schaffen, wo der regulierte Bereich der Leitungsinfrastruktur beginnt.[140] Zugleich besteht in der juristischen Literatur und Rechtsprechung weitgehend Einigkeit darüber, dass nicht jede Anlage, die keine Kundenanlage ist, ein Netz ist.[141] Der Begriff *Kundenanlage* hilft also bei der systematischen Auslegung des Begriffs *Netz* nicht weiter, weil er sich ausgehend von der Systematik des EnWG mit dem Begriff *Netz* überschneidet.[142]

2. Regelungen zur Entflechtung

Auch bei den Entflechtungsregelungen orientiert sich das EnWG weitgehend an den Regelungen der Elektrizitätsrichtlinie (EU) 2019/944. Einige begriffliche Abweichungen ergeben sich daraus, dass das EnWG die Entflechtungsregelungen der Elektrizitätsrichtlinie (EU) 2019/944 und der Gasrichtlinie 2009/73/EG gemeinsam umgesetzt hat.[143]

So verlangt § 8 Abs. 2 EnWG von *Transportnetzbetreibern* eine eigentumsrechtliche Entflechtung der Funktionen *Gewinnung, Erzeugung* und *Vertrieb von Energie an Kunden*.[144] Demgegenüber müssen gemäß Art. 43 Abs. 1 b) i) der Elektrizitätsrichtlinie (EU) 2019/944 *Übertragungsnetzbetreiber* die Funktionen *Erzeugung* und *Versorgung* eigentumsrechtlich entflechten. Der Begriff *Transportnetz* fasst Übertragungs- und Gasfernleitungsnetze zusammen.[145] Der Begriff *Gewinnung* ist ein gasrechtlicher Begriff und hat für den Elektrizitätssektor keine Bedeutung.[146] Der Begriff

---

139 BGH, Beschl. v. 22.10.2011, EnWV 68/10, Rn. 11.; a. A. *Boesche,* in: Säcker, BerlKommEnR, § 3 Rn. 115 f.

140 BT-Drucks. 17/6072, S. 51.

141 *Boesche,* in: Säcker, BerlKommEnR, § 3 Rn. 143 115 f. BGH, Beschl. v. 22.10.2011, EnWV 68/10, Rn. 14.

142 Zur Problematik dieser Systematik Position vor dem Hintergrund der vorrangigen Elektrizitätsrichtlinie (EU) 2019/944 und zur gebotenen unionsrechtskonformen Auslegung: *Boesche,* in: Säcker, BerlKommEnR, § 3 Rn. 115 f.

143 Vgl. § 3 Nrn. 5, 19, 31d EnWG.

144 § 8 Abs. 2 EnWG.

145 § 3 Nr. 31f EnWG.

146 Vgl. § 3 Nr. 36 EnWG und Art. 2 Nr. 1 der Richtlinie 2009/73/EG.

Vertrieb ist ausweislich der Systematik des EnWG als Synonym zum Begriff *Versorgung* aus der Elektrizitätsrichtlinie (EU) 2019/944 zu verstehen. Das EnWG verwendet nämlich den Begriff *Vertrieb* immer dort, wo die Richtlinie (EU) 2019/944 von *Versorgung* spricht,[147] ohne den Begriff *Vertrieb* zu definieren[148] oder in der Gesetzesbegründung zu thematisieren.[149] Vielmehr betont die Gesetzesbegründung, dass die deutschen Entflechtungsvorschriften der Umsetzung der europäischen Vorgaben dienten.[150] Die Verwendung des Begriffs *Vertrieb* als Synonym für *Versorgung* im EnWG dürfte dadurch begründet sein, dass der Begriff *Elektrizitätsversorgung* im deutschen Recht bereits seit dem EnWG 1935 anderweitig besetzt ist. Er fasst als Oberbegriff jede Form elektrizitätswirtschaftlicher Wertschöpfung zusammen.[151] Im Ergebnis verlangt also das EnWG ebenso wie die Elektrizitätsrichtlinie (EU) 2019/944 von Übertragungsnetzbetreibern eine eigentumsrechtliche Entflechtung der Funktionen *Erzeugung* und *Versorgung.*

Bei der organisatorischen Entflechtung der Verteilernetzbetreiber, die im EnWG als operationelle Entflechtung bezeichnet wird,[152] zeigt sich ein ähnliches Bild. § 7a Abs. 2 Nr. 1 EnWG verlangt von Verteilernetzbetreibern die Entflechtung des Netzbetriebs von den Bereichen *Gewinnung, Erzeugung* und *Vertrieb von Energie an Kunden.* Demgegenüber verlangt Art. 35 Abs. 1 der Elektrizitätsrichtlinie (EU) 2019/944 eine Entflechtung des Verteilernetzbetriebs von *den übrigen Tätigkeiten, die nicht mit der Verteilung zusammenhängen.* Damit sind – wie noch gezeigt wird – *Erzeugung, Übertragung* und *Versorgung* gemeint.[153] Damit entspricht die vom EnWG vorgesehene Entflechtung von *Erzeugung* und *Vertrieb* den Vorgaben der Elektrizitätsrichtlinie mit der Maßgabe, dass anstelle des Begriffs *Versorgung* der Begriff *Vertrieb* verwendet wird. Die in Art. 26 Abs. 1, Abs. 2 S. 1 der Elektrizitätsrichtlinie (EU) 2019/944 vorgesehene organisatorische Ent-

---

147 Vgl. etwa § 3 Nr. 38 und § 8 Abs. 2 EnWG einerseits und Art. 2 Nr. 53 und Art. 43 Abs. 1 der Elektrizitätsrichtlinie (EU) 2019/944 andererseits; sowohl das EnWG als auch die Richtlinie (EU) 2019/944 sprechen zudem teilweise von (Be-)Lieferung, § 3 Nrn. 18a, 19b EnWG, Art. 2 Nr. 57 der Elektrizitätsrichtlinie (EU) 2019/944.

148 Vgl. § 3 EnWG.

149 BT-Drucks. 17/6072.

150 Vgl. BT-Drucks. 17/6072, S. 54 ff.; siehe auch das Bekenntnis des deutschen Gesetzgebers zum Unionsrecht in § 1 Abs. 3 EnWG.

151 Vgl. bereits § 1 Abs. 1 EnWG 1935, ferner § 2 Abs. 3 EnWG 1998 und heute § 3 Nrn. 18, 36 EnWG.

152 § 7a EnWG.

153 Siehe unten, Teil C § 12 III.

flechtung von Übertragung und Verteilung findet sich im EnWG hingegen nicht wieder.[154]

Zusammenfassend lässt sich feststellen, dass die Systematik der Entflechtungsvorschriften im EnWG trotz einiger begrifflicher Abweichungen den Regelungen in der Elektrizitätsrichtlinie (EU) 2019/944 entspricht. Aus den nationalen Regelungen lassen sich daher keine weitergehenden systematischen Schlüsse zur Konkretisierung des Netzbegriffs ziehen.

3. Regelungen zur Speicherung

Der deutsche Gesetzgeber hat die Regelungen der Elektrizitätsrichtlinie (EU) 2019/944 zur Speichernutzung durch Netzbetreiber ohne wesentliche inhaltliche Änderungen in das EnWG aufgenommen.[155] Seither ist in § 7 Abs. 1 S. 2 und § 8 Abs. 2 S. 4 EnWG geregelt, dass Verteiler- bzw. Übertragungsnetzbetreiber grundsätzlich nicht berechtigt sind, Eigentümer von Energiespeicheranlagen zu sein oder solche Anlagen zu errichten, zu verwalten oder zu betreiben. Energiespeicheranlagen sind in § 3 Nr. 15d EnWG definiert als

> „Anlagen, die elektrische Energie zum Zwecke der elektrischen, chemischen, mechanischen oder physikalischen Zwischenspeicherung verbrauchen und als elektrische Energie erzeugen oder in einer anderen Energieform wieder abgeben."

Anders als die Begriffsbestimmung in Art. 2 Nr. 60 der Elektrizitätsrichtlinie (EU) 2019/944 enthält die Definition im EnWG keine Beschränkung auf Anlagen, die den Nutzen *Energiespeicherung* „im Elektrizitätsnetz" erbringen. Das Verbot der Speichernutzung des EnWG ist daher dem Wortlaut nach weiter als die Vorgaben der Elektrizitätsrichtlinie (EU) 2019/944. Da die Gesetzesbegründung diese Abweichung nicht thematisiert,[156] bleibt offen, ob dies eine bewusste Entscheidung des deutschen Gesetzgebers war.

Wie auch die entsprechenden Regelungen in der Elektrizitätsrichtlinie (EU) 2019/944 erlaubt § 11b Abs 1, 2 EnWG eine Speichernutzung nach

---

154 In diesem Fall ist gemäß § 6d EnWG eine striktere eigentumsrechtliche Entflechtung vorgesehen.

155 Gesetz zur Umsetzung unionsrechtlicher Vorgaben und zur Regelung reiner Wasserstoffnetze im Energiewirtschaftsrecht vom 16. Juli 2021, BGBl. I S. 3026.

156 Vgl. BT-Drucks. 165/21, S. 100.

Genehmigung durch die Bundesnetzagentur für vollständig integrierte Netzkomponenten sowie soweit dies für den Netzbetrieb erforderlich ist, der Speicher nicht verwendet wird, um Elektrizität auf Strommärkten zu kaufen oder zu verkaufen und ein erfolgloses Ausschreibungsverfahren für den vom Speicher zu erbringenden Nutzen durchgeführt wurde. Mit anderen Worten erlaubt auch das EnWG unter bestimmten Umständen eine Speichernutzung durch Netzbetreiber zur Ausbringung des Nutzens *Transport von Elektrizität*, ohne diesen Nutzen jedoch zu definieren. Das EnWG bietet daher keinen über die Elektrizitätsrichtlinie (EU) 2019/944 hinausgehenden systematischen Erkenntnisgewinn.

4. Zwischenergebnis

Im Ergebnis lässt sich festhalten, dass die netzbezogenen Begriffsbestimmungen, die Entflechtungsvorschriften und die Regelungen zu Stromspeichern im EnWG keine über die Elektrizitätsrichtlinie (EU) 2019/944 hinausgehenden systematischen Schlüsse auf den Netzbegriff erlauben.

IV. Zweck der elektrizitätswirtschaftlichen Regulierung

Angesichts der wenig aussagekräftigen Systematik der Elektrizitätsrichtlinie (EU) 2019/944 und des EnWG kommt dem Zweck der elektrizitätswirtschaftlichen Regulierung bei der Konkretisierung des Begriffs *Netz* besonderes Gewicht zu. Die Elektrizitätsrichtlinie (EU) 2019/944 bezweckt die Verwirklichung des Elektrizitätsbinnenmarkts.[157] Das EnWG nimmt Bezug auf das europäische Recht und erklärt den unverfälschten Wettbewerb zum Ziel der elektrizitätswirtschaftlichen Regulierung.[158] Die Begriffe *Elektrizitätsbinnenmarkt* und *unverfälschter Wettbewerb* stehen für einen wettbewerblichen Ordnungsrahmen, in dem die individuelle Freiheit die Regel ist und staatliche Lenkungseingriffe die Ausnahme sind.[159] Der eu-

---

157 Erwägungsgründe 3, 8, 19, 96 der Elektrizitätsrichtlinie (EU) 2019/944; Art. 194 Abs. 1 AEUV; näher *Ruffert*, in: Fehling/Ruffert, Regulierungsrecht, § 3 Rn. 42; *Britz*, in: Fehling/Ruffert, Regulierungsrecht, § 9 Rn. 1.

158 § 1 Abs. 2 und 3 EnWG.

159 Art. 119 Abs. 1, 173 Abs. 1 AEUV; Bericht der Delegationsleiter des von der Konferenz von Messina eingesetzten Regierungsausschusses an die Außenminister vom 21.4.1956 (Spaak-Bericht), S. 5 ff.; BMWi, I A 1, Arbeitsunterlage für den Entwurf von Thesen zu den Brüsseler Integrationsverhandlungen vom

ropäische Gesetzgeber möchte den wettbewerblichen Ordnungsrahmen verwirklichen, weil die Ökonomik ihm die Fähigkeit zur Wohlfahrtsmaximierung attestiert hat.[160] Zwar ist dem Binnenmarktziel eine politische Komponente nicht abzusprechen.[161] Prägendes Motiv der elektrizitätswirtschaftlichen Regulierung durch die Elektrizitätsrichtlinie (EU) 2019/944 sind jedoch die ökonomischen Effekte des Binnenmarkts.[162]

Die These, dass ein wettbewerblicher Ordnungsrahmen zu maximaler Wohlfahrt führt, wurde erstmals in der zweiten Hälfte des 19. Jahrhunderts durch die neoklassische Mikroökonomik bewiesen und seitdem nicht grundsätzlich in Frage gestellt.[163] Die neoklassische Mikroökonomik wies mathematisch nach, dass in einem wettbewerblichen Ordnungsrahmen unter der Annahme vollkommener Konkurrenz[164] die Wechselwirkungen individueller Freiheitsausübung der Marktteilnehmer zu allokativer Effizienz führen.[165] Diese ist gegeben, wenn Güter zu Grenzpreisen angeboten werden, also zu Preisen, die den Grenzkosten der Anbieter entsprechen.[166] Die Grenzkosten sind die zusätzlichen Kosten, die ein Produzent je zu-

---

13. August 1956; *Müller-Graff*, Unternehmensinvestitionen, S. 286 ff.; *Müller-Graff*, EuR 1997, 434 [441 f]. („vertraglich verankerte Systementscheidung").

160 Vgl. zu den ökonomischen Motiven für die Gründung der Europäischen Wirtschaftsgemeinschaft: Bericht der Delegationsleiter des von der Konferenz von Messina eingesetzten Regierungsausschusses an die Außenminister vom 21.4.1956 (Spaak-Bericht), S. 5 ff.; näher zu den Erwägungen hinter dem Binnenmarktziel: *Schröter*, in: Schröter (u.a.), Europäisches Wettbewerbsrecht, Vorb. zu Art. 101-109 AEUV, Rn. 10 ff.

161 *Müller-Graff*, Unternehmensinvestitionen, S. 283 ff.

162 Vgl. Erwägungsgrund 4 der Elektrizitätsrichtlinie 96/92/EG („es gilt, [...] die Effizienz bei der Erzeugung, Übertragung und Verteilung [...] zu verbessern"); Erwägungsgründe 39 („effiziente Ressourcenallokation") und 42 („von den wirtschaftlichen Vorteilen des Binnenmarktes profitieren") der Elektrizitätsrichtlinie 2009/72/EG; Erwägungsgrund 2 („wettbewerbsfähige Preise, effiziente Investitionssignale") der Elektrizitätsrichtlinie (EU) 2019/944.

163 *Kerber/Schwalbe*, in: MüKo WettbR, Einl. Rn. 69 ff.; *Knieps*, Wettbewerbsökonomie, S. 9 f.

164 Die Annahme vollkommener Konkurrenz umfasst eine sehr große Zahl von Anbietern und Nachfragern (atomistischer Markt), gewinnmaximierendes Verhalten der Marktteilnehmer, völlig homogene Güter, völlige Transparenz auf dem Markt, keine Marktzutrittsbeschränkungen, unendliche Reaktionsgeschwindigkeit der Marktteilnehmer und eine freie Preisbildung; siehe Gabler Wirtschaftslexikon, Definition Vollkommene Konkurrenz.

165 *Kerber/Schwalbe*, in: MüKo WettbR, Einl. Rn. 71, 158 ff.

166 *Knieps*, Wettbewerbsökonomie, S. 9 f.; *Kerber/Schwalbe*, in: MüKo WettbR, Einl. Rn. 69.

sätzlicher Produktionseinheit tragen muss.[167] Sie umfassen die variablen Herstellungskosten des Produzenten, nicht aber dessen Fixkosten wie etwa Mieten. Der Grenzpreis ist der niedrigste Preis, zu dem ein rational handelnder Anbieter zu produzieren bereit ist. Liegt der Preis für ein Gut unter dem Grenzpreis, steht der Produzent schlechter, wenn er das Gut produziert und verkauft, als wenn er die Produktion unterließe. Zugleich ist der Grenzpreis der Preis, bei dem Nachfrager mit den ihnen zur Verfügung stehenden Mitteln maximale Bedürfnisbefriedigung erreichen, weil sie nur gerade so viele Ressourcen für Güter aufwenden müssen, wie für deren Produktion notwendig ist.[168]

Das mathematische Modell der neoklassischen Mikroökonomik beruht auf der theoretischen Annahme vollkommener Konkurrenz, die in der Realität nicht vorkommt. Zu dieser Annahme gehört unter anderem, dass die Bedürfnisse der Nachfrager statisch, die Güter homogen und allen Anbietern die effizientesten Produktionsprozesse vollständig bekannt sind.[169] Innovationen und veränderte Bedürfnisse der Nachfrager finden keine Berücksichtigung. Ausgehend von diesen Schwächen ergänzten neuere ökonomische Theorien das neoklassische Modell um Aspekte so genannter dynamischer Effizienz.[170] Danach hätten im realen Wettbewerb Anbieter die Möglichkeit, durch Produktinnovation oder die Steigerung ihrer Produktionseffizienz temporäre Produkt- beziehungsweise Preismonopole zu erlangen, die es ihnen erlaubten, für einen gewissen Zeitraum Preise oberhalb ihrer Grenzkosten zu erzielen.[171] Diese Monopolstellungen würden jedoch alsbald durch Nachahmer aufgelöst, so dass sie sich nicht zu dauerhaften Machtpositionen verfestigen.[172] Nach gewisser Zeit würde die Innovation zum Marktstandard. Anbieter, die sich nicht darauf einstellten, würden verdrängt. So befeuere der wettbewerbliche Ordnungsrahmen ein kontinuierliches Entdeckungsverfahren, das neue Bedürfnisse der Nach-

---

167 Gabler Wirtschaftslexikon, Definition Grenzkosten.

168 So genanntes Pareto-Optimum, *Kerber/Schwalbe*, in: MüKo WettbR, Einl. Rn. 71.

169 Gabler Wirtschaftslexikon, Definition Vollkommene Konkurrenz.

170 *Schumpeter*, Theorie der wirtschaftlichen Entwicklung, S. 128 ff.; *Clark*, Competition as a dynamic process, S. 178 ff.; *Hayek*, in: Hayek, Individualismus und wirtschaftliche Ordnung, S. 122 ff.

171 *Clark*, Competition as a dynamic process, S. 199 ff.

172 *Kerber/Schwalbe*, in: MüKo WettbR; Einl. Rn. 106; *Emmerich*, Kartellrecht, § 1 Rn. 20; *Clark*, Competition as a dynamic process, S. 185 ff.; *Böhm*, Demokratie und ökonomische Macht, S. 22 f.

frager befriedigt und Produktionsineffizienzen erkennt und beseitigt.[173] Ein modernes Verständnis ökonomischer Wohlfahrt muss neben der allokativen auch diese Aspekte der dynamischen Effizienz berücksichtigen. Demnach ist die von der Elektrizitätsrichtlinie (EU) 2019/944 mit der Verwirklichung des Binnenmarkts angestrebte Wohlfahrtsmaximierung gegeben, wenn – im Sinne allokativer Effizienz – existierende Güter zu Grenzpreisen angeboten werden und – im Sinne dynamischer Effizienz – eine Dynamik kontinuierlicher Produkt- und Prozessinnovation besteht. Aus Sinn und Zweck der Elektrizitätsrichtlinie (EU) 2019/944 folgt daher, dass der Begriff *Netz* so auszulegen ist, dass in Bezug auf den Nutzen *Elektrizitätsversorgung* idealerweise Grenzpreise und eine Dynamik laufender Produkt- und Prozessinnovationen verwirklicht werden.

V. Primärrechtskonforme Auslegung

Schließlich sind bei der Auslegung des Begriffs *Netz* im Rahmen einer primärrechtskonformen Auslegung die grundsätzlichen Anforderungen an Unionsrechtsakte, insbesondere der Grundsatz der Verhältnismäßigkeit, zu berücksichtigen. Die Elektrizitätsrichtlinie (EU) 2019/944 greift mit den an den Begriff *Netz* anknüpfenden Rechtsfolgen nämlich in die unternehmerische Freiheit und das Eigentumsrecht der Netzbetreiber ein, die in Art. 16 beziehungsweise Art. 17 der Charta der Grundrechte der Europäischen Union garantiert werden.[174] Solch ein Eingriff unterliegt als Maßnahme der Union dem Grundsatz der Verhältnismäßigkeit aus Art. 5 Abs. 4 UAbs. 1 des Vertrags über die Europäische Union (EUV) – wie die Elektrizitätsrichtlinie ausdrücklich klarstellt.[175] Nach dem Grundsatz der Verhältnismäßigkeit dürfen „die Maßnahmen der Union inhaltlich wie formal nicht über das zur Erreichung der Ziele der Verträge erforderliche Maß hinaus“ gehen.[176] Der Grundsatz der Verhältnismäßigkeit ist ein Gebot des europäischen Primärrechts, dem das europäische Sekundärrecht gerecht werden muss.[177] Der Begriff *Netz* muss daher im Lichte des europäischen Primärrechts so ausgelegt werden, dass die von ihm aus-

---

173 *Hayek*, in: Hayek, Individualismus und wirtschaftliche Ordnung, S. 122 ff.

174 Vgl. Erwägungsgrund 62 der Elektrizitätsrichtlinie (EU) 2019/944.

175 Erwägungsgrund 96 der Elektrizitätsrichtlinie (EU) 2019/944; zum Grundsatz der Verhältnismäßigkeit im Europarecht vgl. *Ehlers*, in: Ehlers, Grundfreiheiten, § 7 Rn. 126 ff. m. w. N.

176 Art. 5 Abs. 4 UAbs. 1 EUV.

177 *Leible/Domröse*, in: Riesenhuber, Europäische Methodenlehre, § 8 Rn. 7 ff.

gehenden Eingriffe in die Grundfreiheiten der Netzbetreiber verhältnismäßig sind.[178] Daraus folgt, dass unter den Begriff *Netz* als tatbestandlichen Anknüpfungspunkt für die Zugangsregulierung, Entgeltregulierung und Entflechtung nur Sachverhalte fallen dürfen, bei denen die kumulative Anwendung dieser Rechtsfolgen verhältnismäßig ist.

1. Verhältnismäßigkeit

Eine Maßnahme ist gemäß Art. 5 Abs. 4 UAbs. 1 EUV verhältnismäßig, wenn sie nicht über das zur Erreichung der Ziele der Verträge erforderliche Maß hinausgeht.[179] Ein Mittel ist erforderlich, wenn es das mildeste unter den zur Zielerreichung zumindest gleich geeigneten Mitteln darstellt.[180] Wenn also das Ziel der Elektrizitätsrichtlinie (EU) 2019/944 die maximale allokative und dynamische Effizienz in Bezug auf den Nutzen *Elektrizitätsversorgung* ist und die Ökonomik lehrt, dass diese sich grundsätzlich ohne staatliches Zutun von selbst einstellt, folgt daraus, dass staatliche Maßnahmen zur Verwirklichung des Binnenmarkts, die über den Abbau von Hindernissen für das freie Spiel der Marktkräfte hinausgehen, grundsätzlich nicht erforderlich und damit unverhältnismäßig sind.[181] Folgt man der herrschenden Ökonomik, ist in der Regel nämlich das Unterlassen staatlicher Verhaltenslenkung das zugleich mildeste und zur Zielerreichung am besten geeignete Mittel. Der Begriff *Netz* als Anknüpfungspunkt für eine Verhaltenslenkung zur Erzielung allokativer und dynamischer Effizienz in Bezug auf den Nutzen *Elektrizitätsversorgung* erfordert also aus Gründen der Verhältnismäßigkeit eine ökonomische Sonderkonstellation, in der in Abwesenheit staatlicher Verhaltenslenkung ausnahmsweise nicht die Summe individueller freier Einzelentscheidungen zu maximaler allokativer und dynamischer Effizienz führt. Wann eine

---

178 So ausdrücklich Erwägungsgrund 62 der Elektrizitätsrichtlinie (EU) 2019/944: „Diese Anforderung sollte im Einklang mit den nach der Charta der Grundrechte der Europäischen Union (die „Charta“) gewährten Rechten und Grundsätzen – insbesondere der unternehmerischen Freiheit und dem Eigentumsrecht, die in Artikel 16 bzw. 17 der Charta garantiert sind – ausgelegt und angewendet werden.“

179 Näher: *Pache*, in: Ehlers, Grundfreiheiten, § 11 Rn. 99 ff.

180 *Bast*, in: Grabitz/Hilf/Nettesheim, Art. 5 EUV Rn. 71.

181 Vgl. *Ehlers*, in: Ehlers, Grundfreiheiten, § 7 Rn. 23; *Müller-Graff*, Unternehmensinvestitionen, S. 339 ff.

solche Sonderkonstellation vorliegt, wurde im Verlauf der Entwicklung der Ökonomik unterschiedlich beantwortet.

Lange Zeit wurde angenommen, der wettbewerbliche Ordnungsrahmen erreiche die von der neoklassischen Mikroökonomik beschriebene allokative Effizienz nur in einer polypolistischen Marktstruktur.[182] Diese Annahme beruhte auf der Tatsache, dass die neoklassische Mikroökonomik die allokative Effizienz der Wettbewerbsprozesse nur für den Fall vollkommener Konkurrenz bewiesen hatte. Sie schien zunächst durch später aufkommende Theorien bestätigt zu werden. So legte das Monopolmodell dar, dass es aus Sicht von Monopolisten rational ist, das Angebot zu verknappen, was zu Preisen über dem Grenzpreis und damit zu allokativen Ineffizienzen führt.[183] Die empirische Industrieökonomik glaubte, durch empirische Untersuchungen der Beziehung zwischen Marktstruktur, Marktverhalten und Marktergebnis festgestellt zu haben, dass nicht-polypolistische Marktstrukturen in der Regel zu schlechteren Allokationsergebnissen führen.[184] Auch in Hinblick auf die dynamische Effizienz schien eine polypolistische Marktstruktur ideal. Denn das dynamischer Effizienz zugrundeliegende wettbewerbliche Entdeckungsverfahren beruht maßgeblich auf der Prämisse, dass Anbieter zu Produkt- oder Prozessinnovationen gezwungen sind, um Gewinne zu erzielen. Monopolisten, die ihre Gewinne durch Angebotsverknappung maximieren können, unterliegen diesem Zwang jedoch nicht.[185]

Mit dem Aufkommen der einflussreichen Harvard School in den 1950er Jahren wurde die Präferenz für das Polypol um wettbewerbspolitische Erwägungen ergänzt.[186] Nach Auffassung der Harvard School sollte in der Marktstruktur über reine Effizienzerwägungen hinaus auch ein wettbewerbspolitisches Freiheitsideal zum Ausdruck kommen.[187] Das Polypol mit seiner ausgewogenen Verteilung individueller Handlungsfreiheiten verkörperte dieses weitaus besser als konsolidierte Anbieterstrukturen wie Monopole oder Oligopole. Die von der Harvard School propagier-

182 *Kerber/Schwalbe*, in: MüKo WettbR, Einl. Rn. 69 ff.

183 Der Monopolist erreicht sein Gewinnmaximum bei einer Produktionsmenge, die unterhalb der optimalen Produktionsmenge liegt (Cournot'scher Punkt). Ab diesem Punkt führt eine Erhöhung der Produktionsmenge zu einem niedrigeren Gewinn, denn mit der Erhöhung der Produktionsmenge sinkt der Preis des Guts; näher: *Kerber/Schwalbe*, in: MüKo WettbR, Einl. Rn. 73.

184 *Kerber/Schwalbe*, in: MüKo WettbR, Einl. Rn. 80 f.

185 *Kerber/Schwalbe*, in: MüKo WettbR, Einl. Rn. 163 ff.

186 Zum Überblick: *Kerber/Schwalbe*, in: MüKo WettbR, Einl. Rn. 82 ff.

187 *Kerber/Schwalbe*, in: MüKo WettbR, Einl. Rn. 83.

te wettbewerbspolitische Dimension der Marktstruktur hat auch in den Gründungsdokumenten der Europäischen Wirtschaftsgemeinschaft Niederschlag gefunden.[188] Unter der Prämisse, dass maximale allokative und dynamische Effizienz nur in einer polypolistischen Marktstruktur erreicht wird und diese Marktstruktur unter wettbewerbspolitischen Gesichtspunkten vorzugswürdig ist, sind staatliche Maßnahmen zur Verhaltenslenkung bereits dann im Sinne des Grundsatzes der Verhältnismäßigkeit erforderlich, wenn die Marktstruktur vom Ideal des Polypols abweicht.

Ab den 1970er Jahren stellten neuere Strömungen in der Ökonomik die Präferenz für das Polypol zunehmend in Frage.[189] Die Chicago School lehnte die wettbewerbspolitischen Erwägungen der Harvard School zugunsten reiner Effizienzerwägungen ab und betonte, dass konsolidierte Anbieterstrukturen aufgrund von Skaleneffekten, Bündelungsvorteilen und straffer hierarchischer Koordination eine höhere Produktionseffizienz aufweisen können als Polypolisten.[190] Dass die Effizienzgewinne konsolidierter Anbieterstrukturen womöglich nur den Anbietern in Form von höheren Gewinnen zugutekommen, machte aus Sicht der Chicago School keinen wertungsmäßigen Unterschied.[191] Die Theory of Contestable Markets relativierte eine zentrale Erkenntnis der Monopoltheorie, indem sie feststellte, dass auch in monopolistischen Märkten mit Grenzpreisen zu rechnen ist, soweit der Monopolist durch potenziellen Wettbewerb diszipliniert wird.[192] Dies sei der Fall, wenn für potenzielle Wettbewerber des Monopolisten keine nennenswerten Hürden für den Markteintritt und -austritt bestehen. In diesem Fall sei es aus Sicht eines Monopolisten rational, auf eine Angebotsverknappung und die damit verbundenen Gewinne

188 Vgl. Bericht der Delegationsleiter des von der Konferenz von Messina eingesetzten Regierungsausschusses an die Außenminister vom 21.4.1956 (Spaak-Bericht), S. 6 („Ausschaltung des Wettbewerbs"), S. 56 f. („Maßnahmen gegen Monopolbildung").

189 Zum Überblick: *Kerber/Schwalbe*, in: MüKo WettbR, Einl. Rn. 87 ff.

190 *Posner*, 127 University of Pennsylvania Law Review (1978), S. 925 ff.; *Williamson*, The American Economic Review Vol. 58, No. 1 (1968), S. 18 ff.

191 Aus Sicht der Chicago School war der Gesamtwohlfahrtsstandard („Total Welfare Standard") maßgeblich, *Kerber/Schwalbe*, in: MüKo WettbR, Einl. Rn. 89.

192 *Baumol*, in: The American Economic Review (1982), S. 1 ff.; schon der Spaak-Bericht verweist auf die disziplinierende Wirkung von potenziellem Wettbewerb: „Besonders schädliche Folgen im Hinblick auf die Produktionsentwicklung und die Hebung des Lebensstandards hat die Ausschaltung des Wettbewerbs aus dritten Ländern", vgl. Bericht der Delegationsleiter des von der Konferenz von Messina eingesetzten Regierungsausschusses an die Außenminister vom 21.4.1956 (Spaak-Bericht), S. 6.

zu verzichten, um nicht den Markteintritt potenzieller Wettbewerber zu provozieren.[193] Auch diese Ansätze haben in Gestalt des New Economic Approach Eingang in das europäische Wettbewerbsrecht und die Fusionskontrollpraxis der Europäischen Kommission gefunden.[194]

Diesen Erkenntnissen folgend stellt die heutige Ökonomik eine differenzierende Betrachtung an. Im Grundsatz vertraut sie ungeachtet der Marktstruktur auf die wohlfahrtsmaximierende Wirkung des wettbewerblichen Ordnungsrahmens.[195] Sie unterscheidet jedoch individuelle Konstellationen so genannter Marktmacht, in denen Anbieter ausnahmsweise dauerhaft Preise über dem Grenzpreis erzielen können.[196] Demnach ist eine staatliche Verhaltenslenkung nicht bereits dann im Sinne des Grundsatzes der Verhältnismäßigkeit erforderlich, wenn die Marktstruktur vom Ideal des Polypols abweicht, sondern nur, wenn bestimmte Anbieter dauerhaft Preise oberhalb ihrer Grenzkosten erzielen können. Vor dem Hintergrund des unter Teil C § 11 IV festgestellten Zwecks der an den Netzbegriff anknüpfenden Rechtsfolgen – allokative und dynamische Effizienz in Bezug auf den Nutzen *Elektrizitätsversorgung* – setzt der Begriff *Netz* also voraus, dass ein etablierter Elektrizitätsversorgungsmonopolist in Ermangelung staatlicher Verhaltenslenkung für den Nutzen *Elektrizitätsversorgung* Preise oberhalb seiner Grenzkosten erzielen kann und keinem Innovationsdruck ausgesetzt ist.

2. Marktmacht

Da die Konstellation der Marktmacht sowie Inhalt und Reichweite der zu ihrer Auflösung erforderlichen staatlichen Maßnahmen für die Bestimmung des Netzbegriffs wesentlich sind, soll im Folgenden skizziert werden, ob und inwieweit ein nicht regulierter Elektrizitätsversorgungsmonopolist über Marktmacht verfügt.

Ausgehend von der Theory of Contestable Markets verfügt ein Monopolist über Marktmacht, wenn er nicht durch potenziellen Wettbewerb

---

193 Eventuell gefolgt von einem baldigen Marktaustritt, so genannter Hit-and-Run; *Baumol,* in: The American Economic Review (1982), S. 4 f.

194 Eingehend: *Zalewska-Głogowska*, Adam Mickiewicz University Law Review (2015), S. 174 ff.

195 Vgl. *Kerber/Schwalbe*, in: MüKo WettbR, Einl. Rn. 128 ff.

196 Näher: *Kerber/Schwalbe*, in: MüKo WettbR, Einl. Rn. 210 ff.

disziplinert wird.[197] Es stellt sich daher die Frage, ob und inwieweit ein Elektrizitätsversorgungsmonopolist in Abwesenheit staatlicher Verhaltenslenkung in Bezug auf den Nutzen *Elektrizitätsversorgung* durch potenzielle Wettbewerber angreifbar ist. Dies ist der Fall, wenn für potenzielle Wettbewerber keine erheblichen Hürden für den Markteintritt und -austritt bestehen.[198] Voraussetzung für den Eintritt eines potenziellen Wettbewerbers in den Elektrizitätsversorgungsmarkt ist, dass ihm sämtliche Produktionsfaktoren[199] zur Verfügung stehen, die zur Ausbringung des Nutzens *Elektrizitätsversorgung* erforderlich sind. Dies ist bei einem etablierten, nicht zugangsregulierten Elektrizitätsversorgungsmonopol nicht der Fall, wie neuere ökonomische Theorien unter Rückgriff auf spieltheoretische Erwägungen gezeigt haben.[200] Danach bilden bestimmte Produktionsfaktoren der Elektrizitätsversorgung so genannte essential facilities, die zur Ausbringung eines Guts zwingend erforderlich sind und aufgrund ihrer Kostenstrukturen von potenziellen Wettbewerbern nicht ohne Weiteres geschaffen oder beschafft werden können.[201] Im Folgenden soll genauer betrachtet werden, welche Produktionsfaktoren der Elektrizitätsversorgung essential facilities bilden.

a) Konduktive Verbindungen

Ein wichtiger Produktionsfaktor der Elektrizitätsversorgung ist eine konduktive Verbindung zwischen dem Anschluss des Kunden und einer Elektrizitätsquelle.[202] Konduktive Verbindungen können nur durch elektrische Leitungen geschaffen werden, deren Aufbau aufgrund der Grundstücksbezogenheit langwierige Planungen erfordert und mit erheblichen Kapitalinvestitionen verbunden ist. Hinzu kommt, dass die Kapazität einer Lei-

---

197 *Baumol*, in: The American Economic Review 1982, S. 1 ff.; *Kerber/Schwalbe*, in: MüKo WettbR, Einl. Rn. 94, 283 ff.

198 *Kerber/Schwalbe*, in: MüKo WettbR, Einl. Rn. 286 ff.

199 Der Begriff *Produktionsfaktor* wird in dieser Arbeit im ökonomischen Sinne verwendet und bezeichnet Bezeichnung der zur Produktion verwendeten Güter materieller und immaterieller Art, deren Einsatz für das Hervorbringen anderer wirtschaftlicher Güter aus technischen oder wirtschaftlichen Gründen notwendig ist, Gabler Wirtschaftslexikon, Definition Produktionsfaktor.

200 Zu nennen ist hier insbesondere die theoretische Industrieökonomik und die Theorie natürlicher Monopole, siehe *Kerber/Schwalbe*, in: MüKo WettbR, Einl. Rn. 114 ff., 120.

201 *Kerber/Schwalbe*, in: MüKo WettbR, Einl. Rn. 636.

202 *Müller*, Elektrizitätswirtschaft, S. 160.

tung mit ihrem Durchmesser überproportional steigt.[203] Eine Leitung hat also mit steigendem Durchmesser einen zunehmenden Grenznutzen.[204] Dadurch entstehen bei der Ausbringung des Nutzens *konduktive Verbindung* Skaleneffekte. Die Elektrizitätsrichtlinie (EU) 2019/994 macht jedoch mit der Differenzierung zwischen nicht regulierten Direktleitungen und dem reguliertem Netz deutlich, dass dieser Skaleneffekt allein nicht die Anwendung der Rechtsfolgen der Regulierung rechtfertigt.[205] Auch der Grenznutzen von Direktleitungen steigt nämlich mit steigendem Leitungsdurchmesser. An Direktleitungen ist jedoch anders als an Netze keine staatliche Verhaltenslenkung geknüpft.

i) Marktmacht aufgrund von Netzwerkeffekten

Werden mehrere Teilnehmer durch ein Leitungssystem verbunden, kommen zum beschriebenen Skaleneffekt aus dem zunehmenden Grenznutzen des Leitungsdurchmessers Netzwerkeffekte hinzu.[206] In diesem Fall entsteht mit jedem Teilnehmer, der auf technischer Ebene an das Leitungssystem angeschlossen wird, auf funktionaler Ebene eine konduktive Verbindung zwischen diesem Teilnehmer und allen bereits angeschlossenen Teilnehmern. So schafft ein auf technischer Ebene geringer Aufwand auf funktionaler Ebene einen hohen Nutzen.[207] Das Verhältnis von Aufwand auf technischer Ebene und Nutzen auf funktionaler Ebene ist dabei umso günstiger, je größer die Zahl der bereits angeschlossenen Teilnehmer ist.[208] Mit jedem Teilnehmer im Leitungssystem steigt also der Grenznutzen aus dem Anschluss eines zusätzlichen Teilnehmers. Der Netzwerkeffekt führt dazu, dass jede Menge des Nutzens *konduktive Verbindung* am kosteneffizientesten durch einen einzigen Anbieter ausgebracht werden kann.[209] Diese so genannte subadditive Kostenstruktur führt dazu, dass potenzielle Wettbewerber gegenüber einem Elektrizitätsversorgungsmonopolisten in Bezug auf den Nutzen *konduktive Verbindung* extreme Kostennachteile haben. Diese sind umso größer, je kleiner die Menge des Nutzens *Elektri-*

203 „Zwei-Drittel-Regel", vgl. *Fritsch/Wein/Ewers*, Marktversagen, S. 165.

204 *Hoppe*, Geschichte der Elektrizität, S. 253 ff.

205 Vgl. Art. 2 Nr. 41, Art. 7 der Elektrizitätsrichtlinie (EU) 2019/944.

206 Vgl. eingehend zu diesem Effekt: *Herrlinger*, Das „Netz", S. 109 ff.; *Dietrich*, Netzwerkeffekte, S. 14 ff.

207 *Herrlinger*, Das „Netz", S. 109 ff.

208 Vgl. *BKartA*, Zugang zu Netzen, S. 7 f.

209 So genannte „Subadditivität", *Kerber/Schwalbe*, in: MüKo WettbR, Einl. Rn. 643.

zitätsversorgung ist, die potenzielle Wettbewerber ausbringen. Um diesen Kostennachteil zu minimieren, müssten potenzielle Wettbewerber mit sehr hohen Kapazitäten in den Elektrizitätsversorgungsmarkt einsteigen. Dies begründet für potenzielle Wettbewerber erhebliche Hürden für den Eintritt in den Elektrizitätsversorgungsmarkt.

Den hohen Hürden für den Markteintritt stehen hohe versunkene Kosten im Falle eines Austritts aus dem Elektrizitätsversorgungsmarkt gegenüber. Errichtete Leitungen können kaum auf andere Weise als für die Elektrizitätsversorgung genutzt und nur unter hohen Kosten wieder abgebaut werden.[210] Die antizipierten versunkenen Kosten für das Leitungssystem im Falle eines Marktaustritts begründen für rational handelnde potenzielle Wettbewerber eine zusätzliche Hürde für den Markteintritt.[211]

ii) Marktmacht bei ortsgebundenen Kunden

Eine Besonderheit bei der Versorgung von Kunden mit dem Nutzen *Elektrizitätsversorgung* liegt darin, dass die Energieanlagen und Verbrauchsgeräte des Kunden in der Regel ortsgebunden sind. Daher ist der räumlich relevante Markt für die Versorgung eines bestimmten Kunden auf ein bestimmtes Grundstück beschränkt. Dies ist unproblematisch, sofern das Grundstück im Eigentum des zu versorgenden Kunden steht. Steht das Grundstück im Eigentum eines Dritten, etwa weil der Kunde lediglich Mieter oder Pächter auf dem Grundstück ist, hat der Dritte die Möglichkeit, Kraft seines Eigentumsrechts die Elektrizitätsversorgung des relevanten Kunden durch Dritte auszuschließen oder zu behindern. Ein Grundstückseigentümer verfügt daher in Bezug auf die Elektrizitätsversorgung von auf seinem Grundstück belegenen ortsgebundenen Energie- und Verbrauchsanlagen über Marktmacht. Diese Marktmacht beruht dabei nicht auf einer subadditiven Kostenstruktur der über das Grundstück verlaufenden konduktiven Verbindungen, sondern auf der rechtlichen Möglichkeit des Eigentümers, jegliche Nutzung seines Grundstücks durch Dritte ausschließen zu können.

---

210 Vgl. *Knieps*, Wettbewerbsökonomie, S. 101 ff.

211 *BKartA*, Zugang zu Netzen, S. 9 ff.; *Knieps*, Netzsektoren, S. 61; *Kruse*, Deregulierung, S. 71 ff.

iii) Keine Marktmacht bei mobilen Kunden

Ein Grundstückseigentümer verfügt jedoch nur insoweit über Marktmacht bei der Versorgung von Kunden auf seinem Grundstück, als die Kunden und die sie beliefernden potenziellen Wettbewerber zwingend auf die Nutzung des konkreten Grundstücks angewiesen sind. Dies ist insbesondere dann nicht der Fall, wenn der räumlich relevante Markt für die Versorgung der relevanten Kunden über ein einzelnes Grundstück hinausreicht. Eine solche Situation besteht etwa bei der Beherbergung in einem Hotel oder beim Aufladen eines Elektrofahrzeugs.

In einem Hotel fragen die Kunden den Nutzen *Beherbergung* nach. Dabei handelt es sich um ein Nutzenbündel, welches unter anderem auch die Versorgung mit Elektrizität im Hotelzimmer umfasst. Der räumlich relevante Markt für den Nutzen *Beherbergung* reicht jedoch über das Grundstück eines einzelnen Hoteliers hinaus. Ein Hotelier bleibt daher trotz seines Eigentums am Hotelgrundstück und den darauf verlaufenden Elektroinstallationen in Bezug auf den Nutzen *Beherbergung* durch potenzielle Wettbewerber angreifbar. Ebenso verhält es sich bei Ladeinfrastruktur für Elektrofahrzeuge. Fahrer von Elektrofahrzeugen sind beim Laden jenseits ihres stationären Anschlusses in der Regel nicht auf die Nutzung eines bestimmten Ladepunkts angewiesen. Der räumlich relevante Markt für das Laden eines Elektrofahrzeugs reicht daher über ein einzelnes Grundstück hinaus. Der Eigentümer eines Privatgrundstücks, auf dem sich öffentliche Ladeinfrastruktur für Elektrofahrzeuge befindet, bleibt daher in Bezug auf den Nutzen *Laden eines Elektrofahrzeugs* durch potenzielle Wettbewerber angreifbar.

iv) Zwischenergebnis

Zusammenfassend lässt sich feststellen, dass der Produktionsfaktor *konduktive Verbindungen* für potenzielle Wettbewerber eine unüberwindbare Hürde für den Eintritt in den Elektrizitätsversorgungsmarkt begründet. Soweit Elektrizität über längere Strecken in einem System mit mehreren verbundenen Nutzern transportiert wird, beruhen diese Hürden auf Netzwerkeffekten und der daraus resultierenden Kostenstruktur. Soweit ortsgebundene Kunden auf Grundstücken Dritter versorgt werden, kann der Grundstückseigentümers Kraft seines Eigentumsrechts die notwendige konduktive Verbindung auf den letzten Metern ausschließen. Ein ehemaliger Elektrizitätsversorgungsmonopolist und der Grundstückseigentümer verfügen jeweils über Marktmacht. Für Grundstückseigentümer gilt dies jedoch nur, wenn sein Grundstück in Hinblick auf die zu versorgenden Kunden den gesamten räumlich relevanten Markt umfasst. Dies ist in der Regel nur dann der Fall, wenn die Energie- und Verbrauchsanlagen des Kunden ortsgebunden sind. Damit lässt sich die in Teil A § 1 aufgeworfene Frage nach den Maßstäben für die Einordnung von Leitungssystemen in Industrieparks und Hotels sowie Ladeinfrastruktur für Elektrofahrzeuge beantworten. In einem Industriepark hat der Grundstückseigentümer Marktmacht in Bezug auf die Versorgung von Kunden auf seinem Grundstück, weil die dort ansässigen Kunden ortsgebunden sind und daher der räumlich relevante Markt für ihre Versorgung nur das Grundstück des Eigentümers umfasst. In einem Hotel oder im Falle von Ladeinfrastruktur für Elektrofahrzeuge sind die Kunden in gewissen Grenzen mobil. Daher geht der räumlich relevante Markt über das Grundstück des Hoteliers bzw. Eigentümers der Ladeinfrastruktur hinaus und der Grundstückseigentümer verfügt nicht über Marktmacht.

b) Einspeisung von Wirkenergie

Ein weiterer Produktionsfaktor des Nutzens *Elektrizitätsversorgung* ist die Produktion von Wirkenergie und ihre Einspeisung in das Leitungssystem. Wirkenergie ist die Energie, die von Kunden tatsächlich entnommen und für elektrotechnische Anwendungen genutzt werden kann. Beim Nutzen *Einspeisung von Wirkenergie* nahm man lange Zeit dieselbe Kostenstruktur an wie beim Nutzen *konduktive Verbindung*.[212] Die Produktion von Elektrizität in fossil befeuerten Kraftwerken zeigte in den ersten Jahrzehnten der kommerziellen Elektrizitätsversorgung erhebliche Skaleneffekte.[213] Elektrizitätsversorgungsmonopolisten, die große Mengen von Wirkenergie in zentralen Großkraftwerken produzierten, schienen gegenüber potenziellen Wettbewerbern mit kleineren Kraftwerken uneinholbare Kostenvorteile zu haben. Erfahrungen in den USA in den 1970er Jahren zeigten jedoch, dass kleine Kraftwerke den Nutzen *Einspeisen von Wirkenergie* überraschend kosteneffizient ausbringen können.[214] Aus heutiger Sicht stellt daher die Kostenstruktur bei der Ausbringung des Nutzens *Einspeisung von Wirkenergie* potenzielle Wettbewerber nicht vor unüberwindbare Hürden. Der

---

212 *Bradley*, in: Grossman/Cole, S. 43 [45 ff.].
213 *Bradley*, in: Grossman/Cole, S. 43 [45].
214 Siehe unten, Teil D § 13.

Nutzen kann sowohl durch Kraftwerke als auch durch Speicher erbracht werden. Die Einspeisung von Wirkenergie ist daher keine essential facility der Elektrizitätsversorgung.

c) Verlustausgleich

Neben der Wirkenergie, die von den Kunden entnommen und für elektrotechnische Anwendungen genutzt werden kann, muss zusätzlich so genannte Verlustenergie zur Deckung physikalisch bedingter Transportverluste in das Leitungssystem eingespeist werden.[215] Die Höhe der Transportverluste ist abhängig von den Lastflüssen im Leitungssystem, die sich aus den Wechselwirkungen aller Einspeisungen und Entnahmen ergeben.[216] Wie hoch die Transportverluste bei einer bestimmten Kombination von Einspeisung und Entnahme sind, hängt von allen anderen zu diesem Zeitpunkt stattfindenden Einspeisungen und Entnahmen ab. Dies bedeutet, dass sich die Höhe der Transportverluste für eine bestimmte Kombination aus Einspeisung und Entnahme nicht oder nur mit unverhältnismäßigem Aufwand ermitteln lässt. Sie lassen sich am kosteneffizientesten gebündelt für alle Einspeisungen und Entnahmen im Leitungssystem ermitteln. Daraus folgt für potenzielle Wettbewerber eine unüberwindbare Hürde für den Eintritt in den Elektrizitätsversorgungsmarkt. Die Ermittlung der Transportverluste ist daher eine essential facility der Elektrizitätsversorgung.

Auf technischer Ebene unterscheidet sich Verlustenergie nicht von Wirkenergie. Der Unterschied zwischen Wirkenergie und Verlustenergie liegt allein auf der funktionalen Ebene. Verlustenergie ist Energie, die dem Nutzen *Verlustausgleich* dient.[217] Die Einspeisung von Verlustenergie kann daher im Prinzip an beliebiger Stelle im Leitungssystem durch Kraftwerke oder Speicher erfolgen.[218] Daher ist die Einspeisung von Verlustenergie anders als die Ermittlung der Transportverluste keine essential facility der Elektrizitätsversorgung.

---

215 *Müller*, Elektrizitätswirtschaft, S. 165 f.
216 Vgl. *Müller*, Elektrizitätswirtschaft, S. 166.
217 *Müller*, Elektrizitätswirtschaft, S. 165 f.
218 *Hirst/Kirby*, Unbundling Generation and Transmission Services, S. 8.

d) Angleichung von Einspeisungen und Entnahmen

Die Bilanz aller Einspeisungen und Entnahmen von Wirkenergie im Leitungssystem muss unter Berücksichtigung der Transportverluste stets auf wenige Sekunden genau ausgeglichen sein.[219] Um teure nachträgliche Korrekturen mit Regelenergie im Rahmen des Systemausgleichs auf ein Minimum zu reduzieren, muss jedes Elektrizitätsversorgungsunternehmen seine Einspeisungen und die Entnahmen seiner Kunden vorab möglichst genau aufeinander abstimmen. Die Elektrizitätsversorgungsunternehmen bewerkstelligen dies in der Regel dadurch, dass sie die Wirkenergieentnahmen der Kunden prognostizieren und ihre Einspeisungen danach ausrichten.[220] Die Prognose lässt sich auf Grundlage der Kategorie der Kunden, historischer Verbrauchsdaten, Tages- und Jahreszeiten sowie Wetterdaten modellieren.

Alternativ oder ergänzend kann die Entnahme der Einspeisung angepasst werden. Dies ist etwa bei thermischen Anwendungen möglich, denn bei diesen lässt sich in gewissen Grenzen der Stromverbrauch ohne funktionale Einbußen verschieben.[221] Bei nicht steuerbaren Verbrauchern kann mit Stromspeichern der Zeitpunkt der Elektrizitätsentnahme aus dem Leitungssystem vom Zeitpunkt des Verbrauchs entkoppelt werden, um die Entnahme nach der Einspeisung auszurichten. Insgesamt bestehen also zahlreiche Möglichkeiten, Einspeisungen und Entnahmen vorab aneinander anzugleichen, so dass dieses Erfordernis für potenzielle Wettbewerber keine unüberwindbare Hürde für den Eintritt in den Elektrizitätsversorgungsmarkt darstellt.[222] Die Angleichung von Einspeisungen und Entnahmen durch die eigenen Kunden ist daher keine essential facility der Elektrizitätsversorgung.

e) Systemausgleich

Trotz bester Prognosen ergeben sich aufgrund unvermeidbarer Ungenauigkeiten, unvorhersehbarem Mehr- oder Minderbedarf der Kunden oder Kraftwerksausfällen Diskrepanzen zwischen der Summe der Einspeisungen und der Summe der Entnahmen. Daher muss das von den Gesetzen

---

219 *Consentec*, Regelleistungskonzepte und Regelleistungsmarkt, S. 4.
220 *Consentec*, Regelleistungskonzepte und Regelleistungsmarkt, S. 8 ff.
221 *Jungwirth*, Lastmanagement in Gebäuden, S. 10.
222 *Theobald (u.a)*, Gutachten Regelenergie, S. 31.

der Physik verlangte konstante Gleichgewicht zwischen Einspeisungen und Entnahmen laufend überwacht werden und Diskrepanzen müssen innerhalb von Sekunden durch Regelenergie ausgeglichen werden.[223] Regelenergie kann gleichermaßen durch Kraftwerke, Speicher oder steuerbare Verbrauchseinheiten erbracht werden.[224] Übersteigt die Gesamtentnahme die Gesamteinspeisung, kann die zum Ausgleich notwendige positive Regelenergie entweder durch eine Erhöhung der Einspeisung oder durch eine Reduzierung der Entnahme bereitgestellt werden. Übersteigt die Gesamteinspeisung die Gesamtentnahme, kann die zum Ausgleich notwendige negative Regelenergie entweder durch eine Reduzierung der Einspeisung oder durch eine Erhöhung der Entnahme erbracht werden. An welcher Stelle des Leitungssystems die Regelmaßnahme erfolgt, ist grundsätzlich ohne Bedeutung. Eine gewisse Einschränkung des Kreises der geeigneten Anlagen folgt aus dem Erfordernis, hinreichend kurze Reaktionszeiten und die Fähigkeit, die abgerufene Leistung für einen bestimmten Zeitraum zu halten, zu gewährleisten. Da gegenläufige Abweichungen zwischen Einspeisungen und Entnahmen sich teilweise ausgleichen, steigt der Bedarf an Regelenergie unterproportional zur Anzahl in den Systemausgleich einbezogener Einspeise- und Entnahmestellen.[225]

Der konsolidierte Bedarf an Regelenergie für das gesamte Leitungssystem lässt sich im Wechselstromsystem in Echtzeit an der Wechselstromfrequenz ablesen.[226] Diese sinkt, wenn die Summe der Entnahmen die Summe der Einspeisungen übersteigt, und steigt, wenn die Summe der Entnahmen die Summe der Einspeisungen unterschreitet. Wollte man hingegen den Bedarf an Regelenergie für eine Teilmenge von Einspeisungen und Entnahmen ermitteln, müsste an allen einbezogenen Einspeise- und Entnahmestellen eine Echtzeitmessung erfolgen.[227] Die Ermittlung des Bedarfs an Regelenergie erfolgt daher am kosteneffizientesten gebündelt für alle Einspeisungen und Entnahmen im Leitungssystem.[228] Bei der Ermittlung des Regelbedarfs ist damit von einer subadditiven Kostenstruk-

223 *Consentec*, Regelleistungskonzepte und Regelleistungsmarkt, S. 6.

224 Zu den technischen Anforderungen: *Consentec*, Regelleistungskonzepte und Regelleistungsmarkt, S. 17 ff.

225 Vgl. *Consentec*, Regelleistungskonzepte und Regelleistungsmarkt, S. 5.

226 *Consentec*, Regelleistungskonzepte und Regelleistungsmarkt, S. 4 f.

227 *Consentec*, Regelleistungskonzepte und Regelleistungsmarkt, S. 5.

228 Vgl. *Consentec*, Regelleistungskonzepte und Regelleistungsmarkt, S. 5: Das „Konzept der zentralen Regelungsverantwortung [...] hat sich hierzulande wie auch im Ausland als einzig praxisgerecht und effizient erwiesen"; a. A. wohl *Hirst/Kirby*, Unbundling Generation and Transmission Services, S. 20 f., 29, der

tur auszugehen, die für potenzielle Wettbewerber jedenfalls in Bezug auf kleinere Abnehmer, bei denen die Kosten der Echtzeitmessung außer Verhältnis zum erzielbaren Erlös stehen, erhebliche Hürden für den Eintritt in den Elektrizitätsversorgungsmarkt begründet. Rational handelnde potenzielle Wettbewerber werden also auch dann nicht in den Elektrizitätsversorgungsmarkt eintreten, wenn sie zwar die konduktiven Verbindungen des Elektrizitätsversorgungsmonopolisten nutzen dürfen, jedoch gezwungen sind, den Systemausgleich für ihre Einspeise- und Entnahmestellen selbst zu bewerkstelligen. Dies macht den Nutzen *Systemausgleich* im Falle einer Nutzung des Leitungssystems durch mehrere Anbieter zur essential facility der Elektrizitätsversorgung.

f) Spannungshaltung

Zur Gewährleistung einer konstanten Spannung muss im Wechselstromsystem an bestimmten Stellen des Leitungssystems so genannte Blindenergie zugeführt oder entnommen werden. Diese steht im Zusammenhang mit dem im Takt der Netzfrequenz wechselnden Magnetfeld.[229] Blindenergie steht für elektrotechnische Anwendungen nicht zur Verfügung und wird auch von regulären Messeinrichtungen nicht erfasst. Der Bedarf an Blindenergie hängt von der Topographie der Leitungsinfrastruktur und davon ab, ob sich im Stromkreis Spulen oder Kondensatoren befinden.[230] Dies bedeutet, dass sich für den Blindenergiebedarf, ähnlich wie beim Verlustausgleich, ein Verursachungsbeitrag einer konkreten Kombination aus Einspeisung und Entnahme kaum mit vertretbarem Aufwand feststellen lässt.[231] Daher kann auch der Blindenergiebedarf am kosteneffizientesten gebündelt für das Gesamtsystem ermittelt werden.[232]

Regelleistung für wettbewerblich erbringbar hält, ohne jedoch auf die Kosten der Messung zur Ermittlung des Regelbedarfs einzugehen.

229 *BNetzA*, Diskussionspapier Blindleistungsbereitstellung für den Netzbetrieb, S. 9.

230 *BNetzA*, Diskussionspapier Blindleistungsbereitstellung für den Netzbetrieb, S. 10, 26.

231 *Hirst/Kirby*, Unbundling Generation and Transmission Services, S. 13, 57.

232 Vgl. *Hirst/Kirby*, Unbundling Generation and Transmission Services, S. 16; FERC ¶ 61,080 (Order 888), S. 239.

Auf technischer Ebene handelt es sich bei Blindenergie um Energie mit einer Phasenverschiebung gegenüber der Wirkenergie.[233] Die Bereitstellung etwaiger zusätzlicher Blindenergie kann daher durch Kraftwerke oder Speicher erfolgen.[234] Anders als Wirkenergie muss Blindenergie jedoch dort in das Leitungssystem eingespeist werden, wo sie benötigt wird, weil Blindenergie ungleich höheren Transportverlusten unterliegt als Wirkenergie.[235] Selbst wenn man für eine bestimmte Kombination aus Einspeisung und Entnahme einen Blindleistungsbedarf ermitteln könnte, wären potenzielle Wettbewerber voraussichtlich kaum in der Lage, an der korrekten Stelle eine Einspeisung von Blindenergie zu gewährleisten.[236] Damit ist die Spannungshaltung eine essential facility der Elektrizitätsversorgung.

g) Engpassmanagement

Zur Gewährleistung einer zuverlässigen Elektrizitätsversorgung muss schließlich sichergestellt sein, dass die Lastflüsse in keinem Teil des Leitungssystems die Kapazität der Leitungen überschreiten. Um diesen Nutzen – *Engpassmanagement* – auszubringen, müssen die Lastflüsse im Leitungssystem überwacht und gegebenenfalls gesteuert werden. Die Steuerung kann auf technischer Ebene entweder durch physische Maßnahmen im Leitungssystem wie Netzschaltungen oder durch eine Veränderung oder räumliche Verlagerung von Einspeisungen oder Entnahmen erfolgen.[237] Da die Lastflüsse im Leitungssystem Ergebnis der Wechselwirkung aller Einspeisungen und Entnahmen im Leitungssystem sind,[238] lässt sich jedoch auch hier – ähnlich wie beim Verlustausgleich und der Spannungshaltung – der Verursachungsbeitrag einer bestimmten Kombination aus Einspeisung und Entnahme nicht ermitteln. Dies macht den Produkti-

---

233 *BNetzA*, Diskussionspapier Blindleistungsbereitstellung für den Netzbetrieb, S. 10.

234 *Hirst/Kirby*, Unbundling Generation and Transmission Services, S. 8.

235 *Hirst/Kirby*, Unbundling Generation and Transmission Services, S. 58 f.; vgl. auch 75 FERC ¶ 61,080 (Order 888), Appendix D, Schedule 2.

236 So auch 75 FERC ¶ 61,080 (Order 888), S, 209 f.; *Hirst/Kirby*, Unbundling Generation and Transmission Services, S. 77.

237 Dies kann durch so genanntes Redispatching oder Countertrading erfolgen; *Dieckmann*, Engpassmanagement im Europäischen Strommarkt, S. 71 ff; vgl. auch § 13 Abs. 1 EnWG.

238 *Dieckmann*, Engpassmanagement im Europäischen Strommarkt, S. 46.

onsfaktor *Engpassmanagement* zur essential facility der Elektrizitätsversorgung.[239]

h) Zwischenergebnis

Zusammenfassend lässt sich feststellen, dass von den Produktionsfaktoren der Elektrizitätsversorgung die Nutzen *konduktive Verbindungen, Ermittlung der Transportverluste, Systemausgleich, Spannungshaltung* und *Engpassmanagement* essential facilities bilden. Insoweit ist daher ein etablierter Elektrizitätsversorgungsmonopolist in Abwesenheit staatlicher Verhaltenslenkung nicht durch potenzielle Wettbewerber angreifbar. Dies verleiht ihm Marktmacht in Bezug auf den Nutzen *Elektrizitätsversorgung*.

3. Erforderliche Reichweite der Regulierung

Wie in Teil C § 11 V dargestellt, ist Marktmacht lediglich eine von mehreren Voraussetzung des Netzbegriffs. Der primärrechtliche Grundsatz der Verhältnismäßigkeit verlangt weiterhin, dass der Begriff *Netz* nur Marktmachtsachverhalte erfasst, bei denen maximale allokative und dynamische Effizienz in Bezug auf das Gut *Elektrizitätsversorgung* nur durch die kumulative Anwendung der Zugangsregulierung, der Entgeltregulierung und der Entflechtung erreicht werden kann. Nachdem festgestellt wurde, dass und inwieweit ein etablierter Elektrizitätsversorgungsmonopolist in Abwesenheit staatlicher Lenkungseingriffe über Marktmacht in Bezug auf den Nutzen *Elektrizitätsversorgung* verfügt, soll im Folgenden untersucht werden, welche Maßnahmen zur Auflösung dieser Marktmacht zur Verfügung stehen und welche ökonomischen Ergebnisse sie erzielen.

a) Ökonomische Bewertung der Gestaltungsalternativen

Zur Maximierung allokativer und dynamischer Effizienz in einer Konstellation eines etablierten Elektrizitätsversorgungsmonopolisten mit Marktmacht stehen im Wesentlichen drei staatliche Handlungsalternativen zur

239 So auch FERC ¶ 61,080 (Order 888), S. 238; *Hirst/Kirby*, Unbundling Generation and Transmission Services, S. 5 ff.

Verfügung.[240] Erstens kann theoretisch das Elektrizitätsversorgungsmonopol zerschlagen und durch Aufbau mehrerer paralleler Leitungsinfrastrukturen polypolistischer Wettbewerb in Bezug auf den Nutzen *Elektrizitätsversorgung* geschaffen werden. Nach den Erkenntnissen der neoklassischen Mikroökonomik wäre dann mit Grenzpreisen für Elektrizitätsversorgung zu rechnen.[241] Aufgrund der subadditiven Kostenstruktur beim Produktionsfaktor *konduktive Verbindung* wären die (Grenz-)Kosten der Polypolisten jedoch sehr hoch, so dass die Grenzpreise eines Elektrizitätsversorgungspolypols mit parallelen Leitungen die Monopolpreise eines Elektrizitätsversorgungsmonopolisten übersteigen würden. Daher ist die Schaffung polypolistischen Wettbewerbs in Bezug auf den Nutzen *Elektrizitätsversorgung* durch parallele Leitungsinfrastrukturen zur Verwirklichung allokativer und dynamischer Effizienz nicht geeignet oder erforderlich.[242]

Zweitens kann der Elektrizitätsversorgungsmonopolist in Bezug auf den Nutzen *Elektrizitätsversorgung* einer Entgeltregulierung unterworfen werden. Eine Entgeltregulierung bietet gegenüber der Herstellung polypolistischen Wettbewerbs mit parallelen Infrastrukturen den Vorteil, dass die Kostenvorteile des Monopolisten bestehen bleiben, die sich aus der subadditiven Kostenstruktur beim Nutzen *konduktive Verbindung* ergeben. Die Entgeltregulierung ist daher in einer Konstellation mit subadditiver Kostenstruktur sowohl gegenüber staatlichem Unterlassen als auch gegenüber der staatlichen Herstellung polypolistischen Wettbewerbs mit mehreren parallelen Infrastrukturen vorzugswürdig. Eine Entgeltregulierung kann jedoch nicht zu Preisen in Höhe der Grenzkosten des Monopolisten erfolgen. Sie muss nämlich dem Elektrizitätsversorgungsmonopolisten ein dauerhaft kostendeckendes Wirtschaften ermöglichen, wenn er nicht durch staatliche Mittel bezuschusst werden soll.[243] Da es dem regulierten Monopolisten durch die der Zugangsregulierung immanente Verpflichtung zum Netzausbau verboten ist, Knappheit zu erzeugen, und auch Produktinno-

---

240 Eingehend zur ökonomischen Analyse der denkbaren Regulierungsansätze: *Kumkar*, Reformen der Stromwirtschaft, S. 200 ff.

241 Siehe oben, Teil C § 11 IV.

242 Im Ergebnis ebenso: *Höppner*, Zugangskonzept, S. 65 f.; siehe in diesem Zusammenhang auch Überblick zur „Second Best“ Problematik: *Kerber/Schwalbe*, in: MüKo, Wettbewerbsrecht, Einl. Rn. 139.

243 So genannte „Second Best“ Lösung: Überblick bei *Kerber/Schwalbe,* in: MüKo, Wettbewerbsrecht, Einl. Rn. 652 m. w. N.; *BKartA (Hrsg.)*, Zugang zu Netzen, S. 33 mit Verweis auf *Blankart/Knieps*, ifo Studien 1996, S. 481 [492]; eingehend: *Lipsey/Lancaster*, The Review of Economic Studies, Vol. 24 No. 1 (1956-1957), S. 11 ff.

vationen in regulierten Monopolen praktisch ausgeschlossen sind,[244] kann der Monopolist anders als ein gewöhnlicher Marktteilnehmer nicht in Phasen der Knappheit oder durch Innovation Produzentenrenten erzielen, um seine Fixkosten zu decken. Regulierte Entgelte müssen daher von vornherein so bemessen sein, dass sie die Vollkosten[245] des Monopolisten decken.

Drittens ist denkbar, die Marktmacht des unangreifbaren Elektrizitätsversorgungsmonopolisten aufzulösen, indem das Elektrizitätsversorgungsmonopol angreifbar gemacht wird.[246] Soweit dies möglich ist, handelt es sich ausgehend von der Theory of Contestable Markets um die Lösung, die maximale allokative und dynamische Effizienz erzielt, denn es werden sowohl die Kostenvorteile des Monopols beibehalten als auch Grenzpreise in Bezug auf den Nutzen *Elektrizitätsversorgung* erzielt.[247]

Damit ergibt sich ein Stufenverhältnis der zur Erzielung allokativer und dynamischer Effizienz geeigneten Maßnahmen. Die besten Allokationsergebnisse erzielen Maßnahmen, die den etablierten Elektrizitätsversorgungsmonopolisten angreifbar machen. Insoweit ist mit Grenzpreisen unter Wahrung der Effizienzvorteile des Monopols zu rechnen. Die zweitbeste Lösung ist eine Entgeltregulierung unter Beibehaltung des Monopols, wenn, wie bei der Elektrizitätsversorgung, erhebliche Effizienzvorteile der monopolistischen Leistungserbringung bestehen. Die Schaffung polypolistischen Wettbewerbs erzielt in diesem Fall keine maximale Allokationseffizienz, weil sie zwar idealerweise Grenzpreise erreicht, jedoch zum Verlust der Kostenvorteile der monopolistischen Leistungserbringung führt.

Ausgehend vom vorstehend beschriebenen Stufenverhältnis lässt sich ermitteln, inwieweit in dem in Teil C § 11 V 2 festgestellte Marktmachtsachverhalt in Bezug auf den Nutzen *Elektrizitätsversorgung* maximale allokative und dynamische Effizienz nur durch kumulative Anwendung der Zugangsregulierung, der Entgeltregulierung und der Entflechtung erreicht wird.

---

244 In der Regel wird das Verbot des Koppeln und Bündelns funktionale Innovation des regulierten Essential-Facility-Nutzens weitgehend verhindern, siehe unten, Teil C § 12 I 4.

245 Vgl. *Kerber/Schwalbe,* in: MüKo, Wettbewerbsrecht, Einl. Rn. 652 m. w. N.; Vollkosten sind die Produktionseinheit zugerechneten Einzelkosten und anteiligen Gemeinkosten bzw. variablen Kosten und anteiligen fixen Kosten, Gabler Wirtschaftslexikon Definition Vollkosten.

246 *Kerber/Schwalbe,* in: MüKo, Wettbewerbsrecht, Einl. Rn. 636 ff., 657 ff.

247 Im Ergebnis ebenso: *Höppner*, Zugangskonzept, S. 63, 65 f.

b) Schaffung von (potenziellem) Wettbewerb bei der Elektrizitätsversorgung

Da nur bestimmte Produktionsfaktoren der Elektrizitätsversorgung essential facilities sind, kann in Bezug auf den Nutzen *Elektrizitätsversorgung* potenzieller Wettbewerb dadurch geschaffen werden, dass der Elektrizitätsversorgungsmonopolist verpflichtet wird, potenziellen Wettbewerbern diese Produktionsfaktoren zur Verfügung zu stellen.[248] Dabei ist eine funktionale Verpflichtung des Elektrizitätsversorgungsmonopolisten ausreichend, denn potenziellen Wettbewerbern kommt es darauf an, dass ihr Bedürfnis nach den jeweiligen Produktionsfaktoren befriedigt wird, nicht darauf, wie dies auf technischer Ebene bewerkstelligt wird.[249] Die Zugangsregulierung muss daher einen Anspruch gegen den ehemaligen Elektrizitätsversorgungsmonopolisten auf Verschaffung bestimmter Nutzen begründen. Sie muss jedoch die zur Ausbringung dieser Nutzen verwendete Infrastruktur nicht vorgeben. Der Nutzenverschaffungsanspruch muss die Nutzen *konduktive Verbindungen, Ermittlung der Transportverluste, Systemausgleich, Spannungshaltung* und *Engpassmanagement*. Soweit potenzielle Wettbewerber ortsgebundene Kunden auf Privatgrundstücken Dritter versorgen, muss ihnen auch auf dem jeweiligen Grundstück der Nutzen *konduktive Verbindung* zur Verfügung gestellt werden. Neben dem Nutzenverschaffungsanspruch gegen den ehemaligen Elektrizitätsversorgungsmonopolisten muss also ein Nutzenverschaffungsanspruch gegen Grundstückseigentümer auf die Verschaffung des Nutzens *konduktive Verbindung* bezogen auf ihr Grundstück bestehen. Dies gilt jedoch nur, soweit ein Grundstück sich in Bezug auf bestimmte Kunden über den gesamten räumlich relevanten Markt für die Versorgung dieser Kunden erstreckt. Dies wird in der Regel bei der Versorgung ortsgebundener Energieanlagen und Verbrauchseinrichtungen der Fall sein. Hingegen liegt diese Voraussetzung in der Regel nicht bei der Versorgung mobiler Kunden vor. Die vorstehend genannten, vom Nutzenverschaffung zu erfassenden, Nutzen werden im Folgenden als Essential-Facility-Nutzen bezeichnet.

---

248 Vgl. *Höppner*, Zugangskonzept, S. 78.
249 Ähnlich: *Höppner*, Zugangskonzept, S. 79 ff.

c) Entgeltregulierung der Essential-Facility-Nutzen

Wird der etablierte Elektrizitätsversorgungsmonopolist verpflichtet potenziellen Wettbewerbern die Essential-Facility-Nutzen zu verschaffen, entsteht in Bezug auf den Nutzen *Elektrizitätsversorgung* potenzieller Wettbewerb. Dadurch ist insoweit mit Preisen in Höhe der Grenzkosten des ehemaligen Elektrizitätsversorgungsmonopolisten zu rechnen.[250] Zugleich entsteht in Bezug auf die Essential-Facility-Nutzen ein neuer Markt, auf dem der ehemalige Elektrizitätsversorgungsmonopolist unangreifbarer Monopolist bleibt, so dass in Abwesenheit zusätzlicher staatlicher Lenkungseingriffe Monopolpreise für die Essential-Facility-Nutzen zu erwarten sind.[251] Monopolpreise für die Essential-Facility-Nutzen führen zu überhöhten Grenzkosten potenzieller Wettbewerber für die Ausbringung des Nutzens *Elektrizitätsversorgung*. Daher muss zur Erzielung maximaler allokativer und dynamischer Effizienz in Bezug auf den Nutzen *Elektrizitätsversorgung* die Marktmacht des ehemaligen Elektrizitätsversorgungsmonopolisten auch in Bezug auf die Essential-Facility-Nutzen aufgelöst werden. Da sich in Bezug auf die Essential-Facility-Nutzen kein potenzieller Wettbewerb schaffen lässt, ist insoweit eine Entgeltregulierung zur Erzielung maximaler allokativer und dynamischer Effizienz erforderlich.[252]

Eine Entgeltregulierung ist auch in Hinblick auf den Nutzen *konduktive Verbindung* auf Privatgrundstücken erforderlich, soweit er nach den in Teil C § 11 V 3b) beschriebenen Maßstäben einer Zugangsregulierung bedarf. Sähe man nämlich insoweit von der Entgeltregulierung ab und beließ es bei der Zugangsregulierung, könnte der Grundstückseigentümer durch überhöhte Entgelte für den Nutzen *konduktive Verbindung* auf seinem Grundstück die Grenzkosten potenzieller Wettbewerber für die Versorgung von ortsgebundenen Kunden auf dem Grundstück erhöhen. Im Ergebnis ist also in Bezug auf sämtliche Essential-Facility-Nutzen eine Entgeltregulierung erforderlich.

Die Entgeltregulierung von Grundstückseigentümern kann dabei im Unterschied zur Entgeltregulierung des ehemaligen Elektrizitätsversorgungsmonopolisten zu einem Preis von null erfolgen, wenn nicht ausnahmsweise die Elektroinstallation auf dem Grundstück für den Grundstückseigentümer eine eigenständige und wesentliche Einkunftsquelle darstellt. Die Elektroinstallationen auf Grundstücken sind nämlich meist

---

250 Siehe oben, Teil C § 11 V 1.

251 *Kerber/Schwalbe*, in: MüKo, Wettbewerbsrecht, Einl. Rn. 637, 657.

252 Vgl. *Höppner*, Zugangskonzept, S. 57.

im Rahmen der Erschließung des Grundstücks und der Ausstattung von Gebäuden errichtet worden und bedürfen keiner Refinanzierung. Daher muss bei einer Entgeltregulierung zum Preis von null nicht damit gerechnet werden, dass der Grundstückseigentümer den Betrieb der Infrastruktur einstellt.

d) Entflechtung

Schließlich ist zu klären, ob zur Maximierung von allokativer und dynamischer Effizienz in Bezug auf den Nutzen *Elektrizitätsversorgung* eine Entflechtung der Essential-Facility-Nutzen von anderen Tätigkeiten erforderlich ist. Trotz Zugangs- und Entgeltregulierung der Essential-Facility-Nutzen werden den Adressaten der Regulierung in der Praxis gewisse Spielräume verbleiben, um potenzielle Wettbewerber bei der Verschaffung der Essential-Facility-Nutzens zu diskriminieren.[253] So kann der ehemalige Elektrizitätsversorgungsmonopolist etwa durch bürokratische Hürden[254] oder eine vorgegebene Eigennutzung die Inanspruchnahme der Essential-Facility-Nutzen durch potenzielle Wettbewerber erschweren.[255] Zudem ist zu befürchten, dass der ehemalige Elektrizitätsversorgungsmonopolist auf technischer Ebene Maßnahmen zur Erweiterung der Essential-Facility-Nutzen unterlässt, um insoweit Knappheit zu erzeugen.[256] Auch die Entgeltregulierung wird aufgrund von Informationsasymmetrien zulasten der Regulierungsbehörde Preissetzungen oberhalb der tatsächlichen Durchschnittskosten des ehemaligen Elektrizitätsversorgungsmonopolisten nicht

---

253 Zahlreiche Beispiele aus der Marktpraxis in den USA finden sich in FERC ¶ 61,080 (Order 888), Appendix C; vgl. auch Erwägungsgründe 9 und 11 sowie Art. 31 Abs. 1 („Zur Vermeidung von Diskriminierung, Quersubventionen und Wettbewerbsverzerrungen") der Elektrizitätsrichtlinie 2009/72/EG.

254 So verlangten die Netzbetreiber im Rahmen des verhandelten Netzzugangs der Verbändevereinbarung über Kriterien zur Bestimmung von Durchleitungsentgelten vom 22. Mai 1998, 1.3 zunächst für jeden Durchleitungsvorgang einen Vertrag sowohl mit dem Netzbetreiber an der Einspeisestelle als auch mit dem Netzbetreiber an der Entnahmestelle.

255 *Rasbach*, Unbundling, S. 37; vgl. auch Mitteilung der Kommission „Untersuchung des europäischen Erdgas- und des europäischen Elektrizitätssektors gemäß Artikel 17 der Verordnung (EG) Nr. 1/2003 (Abschlussbericht)", KOM(2006) 851 endgültig, Rn. 18 ff.

256 Mitteilung der Kommission „Untersuchung des europäischen Erdgas- und des europäischen Elektrizitätssektors gemäß Artikel 17 der Verordnung (EG) Nr. 1/2003 (Abschlussbericht)", KOM(2006) 851 endgültig, Rn. 23, 53 ff.

vollständig ausschließen können, die dieser zur Quersubventionierung anderer Güter nutzen kann.[257]

Vor diesem Hintergrund will die Entflechtung Interessenkonflikte des ehemaligen Elektrizitätsversorgungsmonopolisten verhindern, indem sie sicherstellt, dass dessen Entscheidungen frei von sachfremden Interessen sind.[258] Relevant sind dabei nur diejenigen Entscheidungen des ehemaligen Elektrizitätsversorgungsmonopolisten, welche die allokative und dynamische Effizienz in Bezug auf den Nutzen *Elektrizitätsversorgung* beeinträchtigen können. Hierzu gehören zum einen Entscheidungen betreffend die funktionale Ebene des Stromtransports wie die inhaltliche Konkretisierung der Essential-Facility-Nutzen sowie der Bedingungen ihrer Inanspruchnahme und ihrer Entgelte. Zum anderen können hierzu Entscheidungen zur Gestaltung der technischen Infrastruktur gehören, die zur Ausbringung der Essential-Facility-Nutzen verwendet wird. Solche Entscheidungen können sich nämlich, etwa in Gestalt eines unterlassenen Ausbaus der technischen Infrastruktur, auf die Versorgung potenzieller Wettbewerber mit den Essential-Facility-Nutzen und damit auf die allokative und dynamische Effizienz auf dem Elektrizitätsversorgungsmarkt auswirken. Aus diesem Grund ist es zur Erzielung maximaler allokativer und dynamischer Effizienz bei der Elektrizitätsversorgung erforderlich, sowohl auf funktionaler Ebene die Vermarktung der Essential-Facility-Nutzen als auch auf technischer Ebene den Umgang mit der zur Ausbringung dieses Nutzens eingesetzten technischen Infrastruktur von sachfremden Interessen zu entflechten. Für den Netzbegriff bedeutet dies, dass dieser neben der funktionalen Ebene der Essential-Facility-Nutzen auch Entscheidungen erfassen muss, welche die zu ihrer Ausbringung genutzte Infrastruktur betreffen. Eine hiervon zu trennende Frage ist, welche Interessen sachfremd und daher von der technischen und funktionalen Ebene des Netzes zu trennen sind. Diese Frage wird in Teil C § 12 III erörtert.

Die vorstehend beschriebenen Interessenkonflikte stellen sich hingegen typischerweise nicht bei Grundstückseigentümern, die nach den in Teil C § 11 V 3b) und c) dargestellten Maßstäben einer Zugangsregulierung und

---

257 Vgl. Erwägungsgründe 9 und 11 und Art. 31 Abs. 1 („Zur Vermeidung von Diskriminierung, Quersubventionen und Wettbewerbsverzerrungen") der Elektrizitätsrichtlinie 2009/72/EG; *Rasbach*, Unbundling, S. 38; vgl. auch Mitteilung der Kommission „Untersuchung des europäischen Erdgas- und des europäischen Elektrizitätssektors gemäß Artikel 17 der Verordnung (EG) Nr. 1/2003 (Abschlussbericht)", KOM(2006) 851 endgültig, Rn. 18 ff.

258 Erwägungsgrund 69 der Elektrizitätsrichtlinie (EU) 2019/944; Eingehend zum Ziel und zur Wirkungsweise der Entflechtung: *Rasbach*, Unbundling, S. 36 ff.

einer Entgeltregulierung zu einem Preis von null unterliegen. Die Grundstückseigentümer werden selten zugleich selbst Elektrizitätsversorger sein, so dass von vornherein kein Anreiz zur Diskriminierung von Anbietern besteht, die Kunden auf ihrem Grundstück versorgen. Wenn sie einer Entgeltregulierung zum Preis von null unterliegen, besteht zudem weder die Gefahr von Informationsasymmetrien zulasten der Regulierungsbehörde noch ein Risiko für Quersubventionen. Soweit also Grundstückseigentümer aufgrund von Zugangs- und Entgeltregulierung zur Erbringung des Nutzens *konduktive Verbindungen* zu einem Preis von null verpflichtet sind, ist zur Maximierung allokativer und dynamischer Effizienz in Bezug auf den Nutzen *Elektrizitätsversorgung* keine Entflechtung erforderlich. Aus diesem Grund sind die in § 3 Nr. 24a EnWG genannten Kundenanlagen keine Netze.[259] Es handelt sich um Anlagen von Grundstückseigentümern auf räumlich beschränktem Gebiet, die einer Zugangsregulierung und einer Entgeltregulierung zum Preis von null unterliegen und keiner Entflechtung bedürfen.

e) Zwischenergebnis

Aus dem primärrechtlichen Grundsatz der Verhältnismäßigkeit folgt, dass der Begriff *Netz* nur Sachverhalte umfassen darf, bei denen die kumulative Anwendung der Zugangsregulierung, der Entgeltregulierung und der Entflechtung erforderlich ist, um in Bezug auf den Nutzen *Elektrizitätsversorgung* maximale allokative und dynamische Effizienz zu erzielen. Diese Voraussetzungen liegen in Bezug auf die zur Ausbringung des Nutzens *Elektrizitätsversorgung* notwendigen Produktionsfaktoren *konduktive Verbindungen, Ermittlung der Transportverluste, Systemausgleich, Spannungshaltung* und *Engpassmanagement* vor. Durch die Zugangsregulierung dieser Essential-Facility-Nutzen entsteht (potenzieller) Wettbewerb auf dem Elektrizitätsversorgungsmarkt, so dass in Bezug auf den Nutzen *Elektrizitätsversorgung* mit Grenzpreisen zu rechnen ist. Dabei genügt ein funktionaler Nutzenverschaffungsanspruch, der sicherstellt, dass die Bedürfnisse potenzieller Wettbewerber nach den Essential-Facility-Nutzen befriedigt werden. Die Entgeltregulierung der Essential-Facility-Nutzen stellt sicher, dass die Grenzkosten potenzieller Wettbewerber für die Ausbringung des Nutzens *Elektrizitätsversorgung* minimiert werden. Soweit potenzielle Wettbewerber ortsgebundene Kunden auf Privatgrundstücken Dritter versorgen, muss

---

259 § 3 Nr. 16 EnWG.

auch die Nutzung der letzten Meter der konduktiven Verbindung bis zum Kunden einer Entgeltregulierung unterworfen werden. Die Entgeltregulierung kann jedoch zum Preis von null erfolgen.

Schließlich ist erforderlich, die Vermarktung der Essential-Facility-Nutzen durch den ehemaligen Elektrizitätsversorgungsmonopolisten und seinen Umgang mit der zur Ausbringung dieser Nutzen verwendeten technischen Infrastruktur von sachfremden Interessen zu entflechten. Die Entflechtung muss sich dabei im Unterschied zur Zugangs- und Entgeltregulierung sowohl auf die funktionale als auch die technische Ebene beziehen. Dies ist notwendig, da unzureichende Gestaltungen auf technischer Ebene auf funktionaler Ebene die vollständige Versorgung potenzieller Wettbewerber mit den Essential-Facility-Nutzen beeinträchtigen können. Soweit potenzielle Wettbewerber ortsgebundene Kunden auf Privatgrundstücken Dritter versorgen und die auf dem Grundstück befindliche konduktive Verbindung einer Zugangsregulierung und einer Entgeltregulierung zum Preis von null unterliegt, ist insoweit keine Entflechtung der funktionalen oder technischen Ebene der konduktiven Verbindung von anderen Tätigkeiten des Grundstückseigentümers erforderlich.

VI. Ergebnis

Es zeigt sich, dass neben dem fehlenden Aussagegehalt einer Wortlaut- und historischen Auslegung auch der Aussagegehalt einer systematischen Auslegung der einschlägigen Regelwerke gering ist. Ihr lässt sich lediglich entnehmen, dass Netze technische Infrastrukturen sind, die dem Transport von Elektrizität dienen. Was jedoch unter Transport zu verstehen ist, bleibt offen. Daher muss sich die Auslegung des Netzbegriffs schwerpunktmäßig auf den Zweck der an den Netzbegriff anknüpfenden Rechtsfolgen und eine primärrechtskonforme Auslegung stützen. Daraus folgt, dass ein Netz einen Sachverhalt beschreibt, bei dem die kumulative Anwendung der Zugangsregulierung, der Entgeltregulierung und der Entflechtung erforderlich ist, um maximale allokative und dynamische Effizienz in Bezug auf den Nutzen *Elektrizitätsversorgung* zu erzielen. Diese Voraussetzungen liegen in Bezug auf die Nutzen *konduktive Verbindungen, Ermittlung der Transportverluste, Systemausgleich, Spannungshaltung* und *Engpassmanagement* vor. In Bezug auf den Nutzen konduktive Verbindungen fehlt es jedoch an der Erforderlichkeit der Entflechtung, soweit potenzielle Wettbewerber ortsgebundene Kunden auf Privatgrundstücken Dritter versorgen und die auf dem Grundstück befindliche konduktive Verbindung einer Zugangsregulierung und einer Entgeltregulierung zum Preis von null unterliegt. Derartige Anlagen dienen daher nicht dem *Transport von Elektrizität* im Rechtssinne und sind keine Netze.

In diesem Sinne muss der Begriff *Transport von Elektrizität* nach dem Zweck der Elektrizitätsrichtlinie die vorgenannten Essential-Facility-Nutzen mit Ausnahme der vorgenannten konduktiven Verbindungen auf Privatgrundstücken erfassen. Und der Begriff *Netz* muss diejenige technische Infrastruktur erfassen, die zu Ausbringung dieser Nutzen verwendet wird. Daraus folgt, dass das *Netz* keinen numerus clausus der Netzbetriebsmittel kennt, sondern technische Betriebsmittel zum Netz werden, wenn sie zur Ausbringung von Essential-Facility-Nutzen verwendet werden.

§ 12 Netzbezogene Rechtsfolgen

Nachdem der Begriff *Netz* und damit die Tatbestandsseite des elektrizitätswirtschaftlichen Regulierungsregimes konkretisiert wurde, soll im Folgenden ermittelt werden, welche konkreten Freiheitseinschränkungen mit den daran anknüpfenden Rechtsfolgen verbunden sind. Gegenstand der folgenden Untersuchung sind der Inhalt des Netzzugangsanspruchs, die Regelungen zu den Tarifen und zur Kostenkontrolle und sowie die Maßgaben der Entflechtung. Dabei werden jeweils die unionsrechtlichen Vorgaben der Elektrizitätsrichtlinie (EU) 2019/944 und ihre Umsetzung im deutschen Recht betrachtet.

I. Zugang zum Netz

Art. 6 Abs. 1 S. 1 der Elektrizitätsrichtlinie (EU) 2019/944 verpflichtet die Mitgliedstaaten, die Einführung eines „Systems für den Zugang Dritter zu den Übertragungs- und Verteilernetzen“ sicherzustellen und legt fest, dass die Zugangsregelung nach „objektiven Kriterien und ohne Diskriminierung zwischen den Netzbenutzern“ anzuwenden ist. Wie dieses *System für den Zugang Dritter* im Einzelnen zu gestalten ist, lässt die Elektrizitätsrichtlinie offen. Dies lässt den Mitgliedstaaten jedoch nicht freie Hand. Einerseits verpflichtet sie der Grundsatz des effet utile, dem Unionsrecht zu größtmöglicher praktischer Wirksamkeit zu verhelfen.[260] Dies bedeutet im Kontext der Elektrizitätsrichtlinie (EU) 2019/944, dass das Zugangssys-

---

260 *Mayer*, in: Grabitz/Hilf/Nettesheim, Art. 19 EUV Rn. 57 f.

tem im Sinne maximaler allokativer und dynamischer Effizienz in Bezug auf den Nutzen *Elektrizitätsversorgung* zu gestalten ist. Andererseits folgt aus dem Grundsatz der Verhältnismäßigkeit, dass die Mitgliedstaaten die mit dem Zugangssystem verbundenen Freiheitsbeschränkungen für Netzbetreiber auf das mildeste mögliche Maß beschränken müssen.[261] Aus dem Spannungsverhältnis zwischen dem Grundsatz des effet utile und dem Grundsatz der Verhältnismäßigkeit folgen konkrete Anforderungen an das Zugangssystem. Es muss einen Leistungsanspruch gegen den ehemaligen Elektrizitätsversorgungsmonopolisten begründen, welcher eine vollständige Befriedigung der Bedürfnisse potenzieller Wettbewerber nach den Essential-Facility-Nutzen sicherstellt, eine Koppelung und Bündelung der Essential-Facility-Nutzen mit weiteren Nutzen verhindert und die Transaktionskosten der Inanspruchnahme der Essential-Facility-Nutzen minimiert. Im Folgenden werden diese Anforderungen im Einzelnen untersucht.

1. Nutzenverschaffungsanspruch

Die Zugangsregulierung soll potenziellen Wettbewerb in Bezug auf den Nutzen *Elektrizitätsversorgung* herstellen. Dazu muss sie einen funktionalen Anspruch begründen, der auf Verschaffung der Essential-Facility-Nutzen gerichtet ist.[262] Wie die Netzbetreiber diese Nutzen ausbringen, ist für Zwecke der Zugangsregulierung ohne Belang. Insoweit bedarf es daher keiner Vorgaben zur Gestaltung der technischen Ebene des Netzes. Vor diesem Hintergrund ist die Formulierung „Zugang […] zu den Übertragungs- und Verteilernetzen“ in Art. 6 Abs. 1 der Elektrizitätsrichtlinie (EU) 2019/944 unglücklich gewählt. Der Begriff *Zugang* in Verbindung mit den Begriffen *Übertragungsnetz* und *Verteilernetz* suggeriert vordergründig, dass ein physischer Zugriff auf die technische Ebene zu erfolgen hat. § 20 Abs. 1 S. 1 EnWG nimmt diese irreführende Formulierung auf, indem er Netzbetreiber verpflichtet „jedermann […] Netzzugang zu gewähren“. In der Stromnetzzugangsverordnung (StromNZV)[263], die den Netzzugang konkretisiert, wird das Wesen des Netzzugangsanspruch als funktionaler

261 Art. 5 Abs. 1 AEUV, Erwägungsgrund 96 der Elektrizitätsrichtlinie (EU) 2019/944.

262 Siehe oben, Teil C § 11 V 3 b).

263 Verordnung über den Zugang zu Elektrizitätsversorgungsnetzen (Stromnetzzugangsverordnung - StromNZV) vom 25.07.2005, BGBl. I, S. 2243; die Rechtsgrundlage ist die Ermächtigung in § 24 S. 1 Nr. 1 EnWG.

Anspruch auf Nutzenverschaffung jedoch deutlich herausgestellt. Gemäß § 1 StromNZV ist Netzzugang der Nutzen

> „Einspeisungen von elektrischer Energie in Einspeisestellen der Elektrizitätsversorgungsnetze und die damit verbundene zeitgleiche Entnahme von elektrischer Energie an räumlich davon entfernt liegenden Entnahmestellen der Elektrizitätsversorgungsnetze".

§ 1 StromNZV zeigt also, dass der deutsche Gesetzgeber trotz der aus der Elektrizitätsrichtlinie (EU) 2019/944 übernommenen irreführenden Formulierung in Hinblick auf das Wesen des Zugangsanspruchs den Maßgaben des Unionsrechts gerecht wird.

2. Umfang der Essential-Facility-Nutzen

Um potenziellen Wettbewerb in Bezug auf den Nutzen *Elektrizitätsversorgung* zu erreichen, muss der Nutzenverschaffungsanspruch sämtliche Essential-Facility-Nutzen der Elektrizitätsversorgung umfassen. Dies sind die Nutzen *konduktive Verbindungen, Ermittlung der Transportverluste, Systemausgleich, Spannungshaltung* und *Engpassmanagement*.[264] Betrachtet man nun nochmals die Formulierung in § 1 StromNZV, zeigt sich, dass § 1 StromNZV diesen Anforderungen gerecht wird. Netznutzer können elektrische Energie einspeisen und an einer räumlich davon entfernt liegenden Stelle entnehmen. Die Verwendung des Plurals „der Elektrizitätsversorgungsnetze" macht deutlich, dass Einspeise- und Entnahmestellen in den Netzgebieten unterschiedlicher Netzbetreiber liegen können. Damit erhalten potenzielle Wettbewerber den Nutzen *konduktive Verbindung* zwischen beliebigen Stellen der verbundenen Leitungssysteme, unabhängig von den Eigentumsverhältnissen an den Leitungen. Die Problematik der Marktmacht von Grundstückseigentümern bei der Versorgung von ortsgebundenen Kunden auf ihren Grundstücken adressiert der deutsche Gesetzgeber, indem er Betreiber von „Energieanlagen zur Abgabe von Energie, die sich auf einem räumlich zusammengehörenden Gebiet befinden" verpflichtet, diese Anlagen „jedermann zum Zwecke der Belieferung der angeschlossenen Letztverbraucher im Wege der Durchleitung unabhängig von der Wahl des Energielieferanten diskriminierungsfrei und unentgeltlich zur Verfügung" zu stellen.[265] Mit anderen Worten sind also

264 Siehe oben, Teil C § 11 V 2.
265 Vgl. § 3 Nr. 24a EnWG.

Grundstückseigentümer in Hinblick auf die auf dem Grundstück verlegte Elektroinstallation einer Zugangsregulierung und einer Entgeltregulierung zum Preis von null unterworfen. In diesem Fall kann auf die Entflechtung verzichtet werden, so dass es sich bei den Anlagen dann nicht um Netze handelt.[266]

Einspeisungen und Entnahmen müssen *zeitgleich* erfolgen. Ausweislich § 4 Abs. 2 S. 2 StromNZV bedeutet *zeitgleich*, dass in jeder Viertelstunde eine ausgeglichene Bilanz zwischen Einspeisungen und Entnahmen zu gewährleisten ist.[267] Die Netznutzer haben also lediglich eine viertelstundengenaue Angleichung ihrer Einspeisungen und Entnahmen zu bewerkstelligen. Dies bedeutet, dass die Netzbetreiber im Rahmen des Netzzugangs die Nutzen *Systemausgleich* sowie *Ermittlung und Deckung der Transportverluste* erbringen.[268] Während die Nutzen *Systemausgleich* und *Ermittlung der Transportverluste* Essential-Facility-Nutzen sind, ist dies beim Nutzen *Deckung der Transportverluste* nicht der Fall. Da jedoch bei einer gebündelten Ermittlung der Transportverluste für das gesamte Leitungssystem durch die Netzbetreiber die individuellen Transportverluste, die durch die Einspeisungen und Entnahmen einzelner Nutzer verursacht werden, nicht bekannt sind, muss in diesem Falle neben dem Nutzen *Ermittlung* auch der Nutzen *Deckung der Transportverluste* durch die Netzbetreiber geleistet werden. Obwohl also insoweit die Zugangsregulierung einen Nutzen umfasst, der für sich genommen kein Essential-Facility-Nutzen ist, handelt es sich nicht um einen Verstoß gegen das Verbot des Koppelns und Bündelns.[269]

Die in § 1 StromNZV niedergelegte Nutzenbeschreibung erlaubt den Nutzern Einspeisungen und Entnahmen elektrischer Energie, ohne dass von diesen ein Beitrag zur Spannungshaltung und zum Engpassmanagement verlangt wird. Dies bedeutet, dass die Nutzer im Rahmen der Zugangsregulierung die Nutzen *Spannungshaltung* und *Engpassmanagement* von den Netzbetreibern erhalten.[270] Zusammenfassend lässt sich daher feststellen, dass der in § 1 StromNZV beschriebene Umfang des im Rah-

266 Siehe oben, Teil C § 11 V.

267 Siehe auch Muster-Bilanzkreisvertrag der Bundesnetzagentur, Beschl. v. 29.06.2011, BK6-06-013, Ziffer 5.1 („ausgeglichene Viertelstunden-Leistungsbilanz“).

268 Vgl. § 22 Abs. 1 S. 1 EnWG.

269 Siehe hierzu sogleich unten, Teil C § 12 I 4.

270 Vgl. §§ 12 Abs. 1 S. 1, 14 Abs. 1 S. 1 EnWG, die Netzbetreiber verpflichten, die Energieübertragung beziehungsweise -verteilung durch „das Netz [...] zu regeln und [...] zu einer sicheren Energieversorgung beizutragen“.

men der Zugangsregulierung zu leistenden Nutzens unionsrechtskonform sämtliche Essential-Facility-Nutzen umfasst.

3. Verpflichtung zum Netzausbau

Um unbeschränkten potenziellen Wettbewerb in Bezug auf den Nutzen *Elektrizitätsversorgung* zu gewährleisten, müssen die Bedürfnisse potenzieller Wettbewerber nach den Essential-Facility-Nutzen vollständig und vorbehaltlos befriedigt werden. Daraus folgen quantitative und qualitative Anforderungen an den Nutzenverschaffungsanspruch.

In quantitativer Hinsicht muss die Menge an verfügbarem Essential-Facility-Nutzen ausreichend sein, um potenziellen Wettbewerbern die Befriedigung jeder Nachfrage nach dem Nutzen *Elektrizitätsversorgung* zu erlauben. Daher verlangt Art. 31 Abs. 1, 40 Abs. 1 a) der Elektrizitätsrichtlinie (EU) 2019/944 von den Netzbetreibern „die Fähigkeit des Netzes sicherzustellen, eine angemessene Nachfrage nach Übertragung [beziehungsweise Verteilung] von Elektrizität zu befriedigen". Eine fast wortgleiche Formulierung findet sich in § 12 Abs. 3 S. 1 EnWG. Zudem verlangen Art. 31 Abs. 1, 40 Abs. 1 a) der Elektrizitätsrichtlinie (EU) 2019/944 von den Netzbetreibern das Netz „auszubauen". Darauf aufbauend verpflichtet § 11 Abs. 1 S. 1 EnWG die Netzbetreiber, ihre Netze „zu optimieren, zu verstärken und auszubauen". Im Lichte der Zielsetzung der Zugangsregulierung, potenziellen Wettbewerb in Bezug auf den Nutzen Elektrizitätsversorgung zu schaffen, muss diese Verpflichtung – wie bereits die Verpflichtung zur Gewährung von Netzzugang – als funktionale Verpflichtung verstanden werden. Die Netzbetreiber haben die Menge an verfügbarem Essential-Facility-Nutzen der Nachfrage potenzieller Wettbewerber anzupassen. Hierzu kann es erforderlich sein, zusätzliche Leitungen zu errichten. Jedoch ist auch denkbar, dass Netzbetreiber die Menge des verfügbaren Essential-Facility-Nutzens durch Optimierungsmaßnahmen oder Speichersysteme erhöhen. Die Verpflichtung zum Netzausbau darf daher nicht ausschließlich bezogen auf die technische Ebene des Netzbetriebs im Sinne einer Verpflichtung zum Bau zusätzlicher Leitungen verstanden werden.

Das EnWG enthält ähnliche funktionale Vorgaben an die Netzbetreiber.[271] So haben diese ein „sicheres, zuverlässiges und leistungsfähiges En-

271 Zum Überblick: *Sötebier*, in: Britz/Hellermann/Hermes, EnWG, § 11 Rn. 22 ff., 33; *Ruthig*, in: Baur/Salje/Schmidt-Preuß, 97 Rn. 27 ff.

ergieversorgungsnetz […] zu betreiben, zu warten und bedarfsgerecht zu optimieren, zu verstärken und auszubauen“,[272] „die Fähigkeit des Netzes sicherzustellen, die Nachfrage nach Übertragung […] zu befriedigen“[273] und die „Energieübertragung […] zu regeln“.[274] Im EnWG sind diese Vorgaben jedoch gegenüber der Elektrizitätsrichtlinie (EU) 2019/944 konkretisiert.[275] Dabei wird an manchen Stellen deutlich, dass der deutsche Gesetzgeber eine bestimmte Vorstellung von der Gestalt der technischen Netzebene hatte. So spricht das EnWG von *leitungsgebundener* Stromversorgung,[276] von *Netzschaltungen*[277] und von *Leitungstrassen und Umspannwerken*[278]. Soweit im EnWG solche gesetzgeberischen Vorstellungen von der Gestalt der technischen Netzebene zum Ausdruck kommen, dürften sie jedoch nicht ohne Weiteres als verbindliche Vorgaben verstanden werden. Dass der deutsche Gesetzgeber bei Erlass der Regelungen im EnWG einen technischen Status quo vorgefunden und diesen in seine Regelungen einbezogen hat, bringt nicht zwingend den gesetzgeberischen Willen zum Ausdruck, diesen für die Zukunft verbindlich festzuschreiben. Vielmehr ist im Lichte des auch im deutschen Recht zu beachtenden Grundsatzes der Verhältnismäßigkeit[279] zu fragen, ob eine solche Vorgabe zur Erreichung der Ziele der Elektrizitätsrichtlinie (EU) 2019/944 oder anderer nationaler Zwecke geeignet, erforderlich und angemessen ist. Mit den Zwecken der Zugangsregulierung lassen sich Vorgaben zur Gestaltung der technischen Netzebene jedenfalls kaum begründen.

In qualitativer Hinsicht muss sich der Inhalt des Nutzenverschaffungsanspruchs nach den Bedürfnissen der potenziellen Wettbewerber richten. Der Nutzenverschaffungsanspruch darf daher nicht auf einen womöglich unzureichenden funktionalen Status quo bei den Netzbetreibern beschränkt sein.[280] Auch insoweit ist also der Begriff *Zugang* irreführend,

---

272 §§ 11 Abs. 1 S. 1, 13 Abs. 1 EnWG.

273 §§ 12 Abs. 3 S. 1, 14 Abs. 1 S. 1 EnWG.

274 §§ 12 Abs. 1 S. 1, 14 Abs. 1 S. 1 EnWG.

275 §§ 11 bis 14 EnWG.

276 § 1 Abs. 1 EnWG.

277 § 13 Abs. 1 Nr. 1 EnWG.

278 § 14d Abs. 3 S. 2 EnWG; vgl. auch § 43 S. 1 EnWG.

279 BVerfG, Urt. v. 19.10.1982 - 1 BvL 34/80, Rn. 23; BVerfG, Beschl. v. 15.12.1965 - 1 BvR 513/65, Rn. 21.

280 So auch die US-Regulierungsbehörde FERC, in: 75 FERC ¶ 61,080 (Order 888), S. 159 f.: “The Commission believes that a utility's tariff must offer to provide any point-to-point transmission service and network transmission service that customers need, even though the utility may not provide itself the specific service requested. […] Thus, a public utility must offer transmission services that

denn er suggeriert, dass die Netzbetreiber lediglich das bei ihnen bereits Vorhandene zu teilen haben. Die Verpflichtung zur Deckung der Nachfrage nach Übertragung und Verteilung und zum Ausbau und der Optimierung der Netze muss in qualitativer Hinsicht verstanden werden.[281]

4. Unterlassen von Koppeln und Bündeln

Um die Produktionseffizienz potenzieller Wettbewerber bei der Ausbringung des Nutzens *Elektrizitätsversorgung* zu maximieren, muss ein ideales Zugangssystem verhindern, dass die Netzbetreiber den Nutzen der essential facilities mit weiterem Nutzen bündeln, der keine essential facility darstellt.[282] Ein solches „Koppeln und Bündeln" drängt potenziellen Wettbewerbern Nutzen auf, den diese womöglich nicht benötigen, günstiger bei Dritten beschaffen oder selbst ausbringen können.[283] In beiden Fällen haben potenzielle Wettbewerber vermeidbare Kosten, welche den Preis für den Nutzen *Elektrizitätsversorgung* erhöhen. Eine ideale Zugangsregulierung muss daher nach dem Grundsatz des effet utile den Umfang des Nutzenverschaffungsanspruchs abschließend festlegen und auf den Nutzen der essential facilities beschränken. Im deutschen Recht ist dies durch die Nutzenbeschreibung in § 1 StromNZV und dadurch sichergestellt, dass die vertraglichen Bedingungen zur Erbringung der Essential-Facility-Nutzen für die meisten Netznutzer in einem Musternetznutzungsvertrag festgelegt sind.[284] Die in Teil A § 1 und Teil B § 11 I 3 aufgeworfene Frage, ob Ladeinfrastruktur für Elektrofahrzeuge, die von Netzbetreibern unter den Voraussetzungen von Art. 33 Abs. 3 der Elektrizitätsrichtlinie (EU) 2019/944 betrieben wird, Bestandteile des Netzes bilden, ist daher zu verneinen. Da Ladeinfrastruktur für Elektrofahrzeuge keine essential facility der Elektrizitätsversorgung bildet,[285] darf sie nicht mit den Essential-Facility-Nutzen verbündelt werden.

---

it is reasonably capable of providing, not just those services that it is currently providing to itself or others."

281 *Sötebier*, in: Britz/Hellerman/Hermes, EnWG, § 11 Rn. 59 („Schaffung neuer Netzkapazitäten").

282 *Höppner*, Zugangskonzept, S. 36; *Kerber/Schwalbe*, in: MüKo, Wettbewerbsrecht, Einl. Rn. 657.

283 *Höppner*, Zugangskonzept, S. 36 mit Beispielen aus der wettbewerbsrechtlichen Praxis.

284 BNetzA, Beschl. v. 20.12.2017, BK6-17-168, Anlage 1.

285 Siehe oben, Teil C § 11 V 2 a).

Eine hiervon zu trennende Frage ist, ob Netzbetreibern erlaubt ist, entbündelt von den Essential-Facility-Nutzen weitere Nutzen am Markt anzubieten. Dies ist eine Frage der Entflechtung.[286]

5. Minimierung von Transaktionskosten

Schließlich muss das ideale Zugangssystem dafür sorgen, dass die Transaktionskosten für die Inanspruchnahme der Essential-Facility-Nutzen möglichst gering sind.[287] Hierzu gehören die Kosten, die für die Anbahnung, Abwicklung und Kontrolle der vertraglichen Beziehung zur Erlangung der Essential-Facility-Nutzen anfallen.[288] Transaktionskosten erhöhen den Preis für den Nutzen *Elektrizitätsversorgung* und können dazu führen, das potenzielle Wettbewerber Nachfragern dieses Nutzens für kleine Mengen kein wirtschaftliches Angebot unterbreiten können.[289]

In Deutschland stellt die Minimierung von Transaktionskosten eine besondere Herausforderung dar, da aus historischen Gründen bis heute fast 900 Elektrizitätsversorgungsnetzbetreiber existieren.[290] Bei einer derart fragmentierten Marktstruktur dürfte allein ein Zugangssystem, das für eine flächendeckende Elektrizitätsversorgung von Kunden nicht den Vertragsschluss mit jedem einzelnen Netzbetreiber erfordert, dem Grundsatz des effet utile entsprechen.[291] Das aktuelle deutsche Netznutzungsmodell sieht jedoch bis heute einen schriftlich abzuschließenden Vertrag mit jedem einzelnen Netzbetreiber vor, in dessen Netzgebiet Elektrizität entnommen werden soll.[292] Auch wenn es inzwischen für die gängigsten

---

286 Siehe hierzu unten, Teil C § 12 III.

287 Zur Transaktionskostenökonomik als effizienzorientiertem Wettbewerbskonzept: *Kerber/Schwalbe,* in: MüKo, Wettbewerbsrecht, Einl. Rn. 96.

288 *Kerber/Schwalbe,* in: MüKo, Wettbewerbsrecht, Einl. Rn. 96.

289 Dies ist problematisch angesichts der Tatsache, dass im Jahr 2019 in Deutschland ca. 48.441.500 von ca. 51.812.300 Anschlüssen eine Entnahme von nicht über 10.000 kWh/Jahr aufwiesen, *BNetzA/BKartA*, Monitoringbericht 2020, S. 39.

290 https://www.marktstammdatenregister.de/MaStR/Akteur/Marktakteur/IndexOeffentlich, abgerufen am 30.9.2021.

291 Dieser Besonderheit der deutschen Marktstruktur versuchte Schwintowski schon früh mit dem Modell des Netzverbundvertrags zu begegnen, *Schwintowski*, WuW 2001, S. 1042 ff.; *ders*, ZNER 2001, S. 215 ff.

292 Vgl. § 20 Abs. 1a EnWG, § 16 Abs. 1 StromNZV; demgegenüber verpflichtete das erste Netznutzungsmodell nach der Einführung des EnWG 1998 die Netznutzer noch, sowohl mit dem Netzbetreiber an der Einspeisestelle als auch mit

Netznutzungsmodelle einen von der Bundesnetzagentur festgelegten Standardvertrag gibt,[293] kann die Notwendigkeit hundertfacher Vertragsschlüsse für eine flächendeckende Versorgung kaum als vereinbar mit dem europarechtlichen Gebot der Minimierung von Transaktionskosten angesehen werden.[294]

6. Zwischenergebnis

Eine Betrachtung der unionsrechtlichen Zugangsregulierung im Lichte des effet utile und des primärrechtlichen Grundsatzes der Verhältnismäßigkeit ergibt, dass diese lediglich funktionale Leistungspflichten für die Netzbetreiber begründet. Die Netzbetreiber müssen potenziellen Wettbewerbern die Essential-Facility-Nutzen vollständig, in hinreichendem Umfang und ohne Koppelung oder Bündelung mit weiterem Nutzen zur Verfügung stellen. Zudem muss dies zu möglichst geringen Transaktionskosten geschehen. Vorgaben zur Gestaltung der technischen Infrastruktur, die zur Ausbringung der Essential-Facility-Nutzen genutzt wird, lassen sich aus der Zugangsregulierung hingegen nicht herleiten. Mit Ausnahme der Anforderungen zur Minimierung der Transaktionskosten wurden diese unionsrechtlichen Anforderungen im deutschen Recht korrekt umgesetzt.

Aus der Tatsache, dass die Zugangsregulierung nur funktionale Anforderungen begründet, folgt, dass sie Netzbetreiber nicht in der Möglichkeit beschränkt, auf technischer Ebene Stromspeicher zur Ausbringung der Essential-Facility-Nutzen zu verwenden. Aus dem Verbot des Koppelns und Bündelns ergeben sich hingegen Einschränkungen in Bezug auf funktionale Erweiterungen des im Rahmen der Zugangsregulierung zu leistenden Nutzens.[295] Soweit Stromspeicher also neuen Nutzen schaffen und dieser keine essential facility bildet, muss seine Entwicklung und Vermarktung unabhängig von der Erbringung der Essential-Facility-Nutzen erfolgen. Jedoch ist zu beachten, dass sich weitere Einschränkungen aus den Erforder-

---

dem Netzbetreiber an der Entnahmestelle einen Vertrag abzuschließen, vgl. Verbändevereinbarung über Kriterien zur Bestimmung von Durchleitungsentgelten vom 22. Mai 1998, Ziffer 1.3.

293 *BNetzA*, Beschl. v. 20.12.2017, BK6-17-168, Anlage 1.

294 Im Jahr 2020 belieferten 44 Prozent der Lieferanten maximal zehn Netzgebiete, nur acht Prozent der Lieferanten waren in mehr als 500 Netzgebieten tätig, *BNetzA/BKartA*, Monitoringbericht 2020, S. 253.

295 So aber *Riewe/Sauer*, EWeRK 2014, 79 [85]; *Sauer*, in: FS Schwintowski, 658 [668].

nissen der Entgeltregulierung und den Entflechtungsvorschriften ergeben können.[296] Dies wird im Folgenden untersucht.

II. Regelungen zu Tarifen und zur Kostenkontrolle

Gemäß Art. 6 Abs. 1 S. 2 der Elektrizitätsrichtlinie (EU) 2019/944 sollen die Tarife für den Netzzugang oder die Methoden zu ihrer Berechnung vorab von den nationalen Regulierungsbehörden genehmigt werden. Welche Anforderungen die Tarife erfüllen müssen, deutet die Elektrizitätsrichtlinie (EU) 2019/944 lediglich an. So sollen die Tarife gemäß Erwägungsgrund 81 der Elektrizitätsrichtlinie (EU) 2019/944 „diskriminierungsfrei und kostenorientiert" sein und „die langfristig durch verteilte Erzeugung und Nachfragesteuerung vermiedenen Netzgrenzkosten berücksichtigen".[297] Zudem sind sie nach Art. 59 Abs. 7 a) der Elektrizitätsrichtlinie (EU) 2019/944 „so zu gestalten, dass die notwendigen Investitionen in die Netze auf eine Art und Weise vorgenommen werden können, dass die Lebensfähigkeit der Netze gewährleistet ist".[298] Art. 58 f) der Elektrizitätsrichtlinie (EU) 2019/944 verlangt, dass „für Netzbetreiber [...] Anreize bestehen, für Effizienzsteigerungen, insbesondere Energieeffizienz, bei der Netzleistung zu sorgen".[299] Deutlich konkretere Vorgaben zur Gestaltung der Tarife lassen sich wieder aus dem Spannungsverhältnis zwischen dem Grundsatz des effet utile und dem Grundsatz der Verhältnismäßigkeit ableiten.

1. Kostenbasierte Entgelte

Maximale allokative Effizienz in Bezug auf den Nutzen *Elektrizitätsversorgung* würde erreicht, wenn potenzielle Wettbewerber die Essential-Facility-

---

296 Siehe unten, Teil C § 12 III.

297 Vgl. auch Art. 18 Abs. 1 der Elektrizitätsverordnung (EU) 2019/943, wonach die Entgelte für den Anschluss und den Zugang zu den Netzen „kostenorientiert und transparent sein müssen".

298 Vgl. auch die Verpflichtung der Netzbetreiber, ihre Netze *unter wirtschaftlichen Bedingungen* zu betreiben, Art. 12 a), Art 25 Abs. 1 der Elektrizitätsrichtlinie 2009/72/EG.

299 Vgl. auch Art. 18 Abs. 2 der Elektrizitätsverordnung (EU) 2019/943, wonach die Entgeltmethodik langfristig durch Preissignale zur Gesamteffizienz des Netzes beitragen soll.

Nutzen zu Preisen erhielten, die den Grenzkosten der Netzbetreiber entsprechen.[300] Jedoch ist zu beachten, dass Netzbetreiber anders als gewöhnliche Marktteilnehmer keine Möglichkeit haben, in Phasen der Knappheit oder aufgrund von Innovation temporär Produzentenrenten zu erzielen, weil die Zugangsregulierung in Bezug auf die Essential-Facility-Nutzen sowohl Knappheit als auch Produktinnovationen praktisch ausschließt.[301] Eine Entgeltregulierung zu Grenzkosten der Netzbetreiber würde diesen nicht erlauben, ihre Fixkosten zu decken. Auch die von Art. 59 Abs. 7 a) der Elektrizitätsrichtlinie (EU) 2019/944 verlangten Investitionen in die Netzinfrastruktur wären nicht möglich. Vor diesem Hintergrund verlangt der Grundsatz der Verhältnismäßigkeit Entgelte, die zumindest die Vollkosten der Netzbetreiber einschließlich notwendiger Investitionen decken.[302] Demgemäß bestimmt § 21 Abs. 2 S. 1 EnWG, dass die Netzentgelte auf Grundlage der „Kosten der Betriebsführung" der Netzbetreiber gebildet werden. Ausgangspunkt sind gemäß § 4 Abs. 2 S. 1 der Stromnetzentgeltverordnung (StromNEV)[303] diejenigen Kosten, welche die Netzbetreiber buchhalterisch den Tätigkeiten Elektrizitätsübertragung beziehungsweise Elektrizitätsverteilung zugeordnet haben.[304] Insoweit wahren die deutschen Regelungen die Anforderungen der Verhältnismäßigkeit.

2. Kostenminimierung

Maximale dynamische Effizienz in Bezug auf den Nutzen *Elektrizitätsversorgung* erfordert, die Kosten der Netzbetreiber für die Ausbringung der Essential-Facility-Nutzen nicht einfach hinzunehmen, sondern auf eine kontinuierliche Steigerung der Produktionseffizienz hinzuwirken.[305] Dies kann unter anderem dadurch erfolgen, dass der Gesetzgeber den Netzbe-

300 Siehe oben, Teil C § 11 V 3 a).

301 Siehe oben, Teil C § 12 I 3 und 4.

302 *Kerber/Schwalbe*, in: MüKo, Wettbewerbsrecht, Einl. Rn. 652 f.; *BKartA (Hrsg.)*, Zugang zu Netzen, S. 33 mit Verweis auf *Blankart/Knieps*, ifo Studien 1996, S. 481 [492].

303 Verordnung über die Entgelte für den Zugang zu Elektrizitätsversorgungsnetzen (Stromnetzentgeltverordnung - StromNEV) vom 25.07.2005, BGBl. I S. 2225.

304 § 4 Abs. 2 S. 1 StromNEV, § 6b Abs. 3 S. 1 EnWG, § 242 Abs. 2 HGB; eingehend zu den einzelnen betriebswirtschaftlichen Kostenarten: *Säcker/Meinzenbach*, in: Säcker, BerlKommEnR, § 21 Rn. 68 ff.

305 Art. 58 f) der Elektrizitätsrichtlinie (EU) 2019/944; vgl. auch *Säcker/Meinzenbach*, in: Säcker, BerlKommEnR, § 21 Rn. 15.

treibern Anreize setzt, die Produktionseffizienz zu steigern oder bestimmte Verfahren vorgibt, wenn diese die höchste Produktionseffizienz versprechen.

a) Anreizregulierung

Um für Netzbetreiber einen Anreiz zu setzen, ihre Produktionseffizienz bei der Ausbringung der Essential-Facility-Nutzen kontinuierlich zu steigern, sieht das EnWG den Mechanismus der Anreizregulierung vor. Gemäß § 21 Abs. 2 S. 1 EnWG, § 4 Abs. 1 StromNEV sind die Kosten der Betriebsführung der Netzbetreiber nur insoweit bei der Entgeltbildung zu berücksichtigen, als sie der Betriebsführung eines effizienten und strukturell vergleichbaren Netzbetreibers entsprechen.[306] Aufwendungen für den Netzbetrieb können also nur durch die Netzentgelte refinanziert werden, soweit sie kosteneffizient sind.

In der Praxis stellt sich das Problem, dass die Regulierungsbehörde aufgrund von zu ihren Lasten bestehender Informationsasymmetrien die Kosteneffizienz von Aufwendungen der Netzbetreiber nur schwer überprüfen kann.[307] Stets steht die Frage im Raum, ob nicht eine noch kosteneffizientere Gestaltung möglich wäre. Angesichts von fast 900 Elektrizitätsversorgungsnetzbetreibern in Deutschland kann eine Kostenprüfung ohnehin kaum über eine Plausibilitätskontrolle hinausgehen. Kostenvergleiche unter den Netzbetreibern sind aufgrund unterschiedlicher Netztopografien und Versorgungsaufgaben nur begrenzt aussagekräftig. Zudem helfen sie nicht weiter, wenn alle Netzbetreiber gleichermaßen eine geringe Kosteneffizienz aufweisen.[308] Daher sehen § 21a Abs. 1 EnWG und § 1 Abs. 1 S. 2 der Anreizregulierungsverordnung (ARegV)[309] einen Mechanismus vor, der Netzbetreiber für Steigerungen ihrer Kosteneffizienz mit temporären Produzentenrenten belohnt.[310] Um dies zu erreichen, werden Regulierungsperioden von jeweils fünf Jahren gebildet.[311] Für

306 Es ist umstritten, ob dieser Grundsatz neben der Anreizregulierung einen eigenständigen Gehalt hat, *Weyer*, in: Baur/Salje/Schmidt-Preuß, 81 Rn. 7 m. w. N.

307 *Säcker/Meinzenbach*, in: Säcker, BerlKommEnR, § 21 Rn. 121; *BNetzA*, Bericht zur Anreizregulierung 2006, S. 46.

308 *Busse von Colbe/Säcker*, in: Säcker, BerlKommEnR, Vor §§ 21 ff. Rn. 6.

309 Verordnung über die Anreizregulierung der Energieversorgungsnetze (Anreizregulierungsverordnung - ARegV) vom 29.10.2007, BGBl. I, S. 2529.

310 *BNetzA*, Bericht zur Anreizregulierung 2006, S. 46.

311 § 3 Abs. 2 ARegV.

jedes Jahr der Regulierungsperiode wird jedem Netzbetreiber eine individuelle Obergrenze für seine Erlöse aus den Netzentgelten vorgegeben.[312] Im ersten Jahr der Regulierungsperiode wird die Erlösobergrenze auf Grundlage der tatsächlichen Kosten der Betriebsführung des Netzbetreibers ermittelt.[313] Ausgehend von diesem so genannten Ausgangsniveau wird die Erlösobergrenze in den weiteren Jahren der Regulierungsperiode nach Maßgabe bestimmter individueller Effizienzvorgaben sukzessive abgesenkt.[314] Dabei bleibt die tatsächliche Kostenentwicklung beim Netzbetreiber grundsätzlich unberücksichtigt.[315] Um die individuelle Effizienzvorgabe zu ermitteln, werden zunächst die Gesamtaufwendungen jedes Netzbetreibers für den Netzbetrieb ins Verhältnis zu bestimmten Parametern gesetzt, welche die auf funktionaler Ebene durch ihn ausgebrachten Essential-Facility-Nutzen quantifizieren sollen.[316] Zu diesen Parametern gehören etwa die Anzahl der Anschlusspunkte, die Fläche des versorgten Gebietes, die Leitungslänge oder die elektrische Jahresarbeit.[317] Anschließend werden die Werte der Netzbetreiber untereinander verglichen.[318] Die im Laufe der Regulierungsperiode sinkenden Erlösobergrenzen zwingen den Netzbetreiber jeweils zu bestimmten jährlichen Mindeststeigerungen der Produktionseffizienz. Da die Erlösobergrenzen ab dem zweiten Jahr der Regulierungsperiode von den tatsächlichen Kosten des Netzbetreibers unabhängig sind, erlauben sie ihm andererseits durch überobligatorische Effizienzsteigerungen Produzentenrenten zu erzielen.[319] Zu Beginn der darauffolgenden Regulierungsperiode wird die Erlösobergrenze wieder auf Grundlage der tatsächlichen Kosten der Betriebsführung des Netzbetreibers festgelegt. Soweit der Netzbetreiber in der vorangegangenen Regulierungsperiode überobligatorische Effizienzsteigerungen erzielt hat, kommen diese nun in Gestalt eines niedrigeren Ausgangsniveaus den Netznutzern zugute.

Die Anreizregulierung begründet also einen kontinuierlich steigenden Standard für die Produktionseffizienz und setzt Anreize, den Standard durch überobligatorische Effizienzsteigerungen zu übertreffen. Dieser Standard ist dabei technologieoffen als Verhältnis aus Aufwendungen auf

312 § 4 Abs. 1 ARegV.
313 § 6 Abs. 1 S. 1 ARegV.
314 §§ 4 ff. ARegV.
315 Zu den Ausnahmen siehe § 4 Abs. 3 ARegV.
316 § 13 Abs. 1 bis 3 ARegV.
317 § 13 Abs. 3 S. 4 ARegV.
318 § 12 ARegV.
319 *BNetzA*, Bericht zur Anreizregulierung 2006, S. 46.

technischer Ebene zu den erbrachten Essential-Facility-Nutzen auf funktionaler Ebene formuliert. Wie die Netzbetreiber den Standard erfüllen, bleibt grundsätzlich ihnen überlassen.[320] Die Netzbetreiber sind damit im Ergebnis so gestellt, als stünden sie in Bezug auf die Essential-Facility-Nutzen im Wettbewerb. Im Wettbewerb würden Fortschritte der Wettbewerber jeden Netzbetreiber zur kontinuierlichen Steigerung der eigenen Produktionseffizienz zwingen, ohne jedoch eine bestimmte technische Lösung vorzugeben.[321] Aus der Anreizregulierung folgen daher keine direkten Einschränkungen der netzintegrierten Speichernutzung. Die Anreizregulierung schafft für Netzbetreiber lediglich einen technologieoffenen Effizienzdruck.

b) Verfahrensvorgaben

Die Elektrizitätsrichtlinie (EU) 2019/944 gibt den Netzbetreibern an einigen Stellen die Entscheidung über die Eigenfertigung oder den Fremdbezug der Produktionsfaktoren der Essential-Facility-Nutzen vor. So haben die Netzbetreiber nach Art. 31 Abs. 5, Art. 40 Abs. 1 j) Art. 2 Nr. 48 der Elektrizitätsrichtlinie (EU) 2019/944 die zur Ausbringung des Essential-Facility-Nutzens *Systemausgleich* erforderliche Regelenergie und die zur Ausbringung des Essential-Facility-Nutzens *Verlustausgleich* erforderliche Verlustenergie bei Dritten zu beschaffen. In Bezug auf die zur Ausbringung des Essential-Facility-Nutzens *Spannungshaltung* erforderliche Blindenergie geht die Elektrizitätsrichtlinie (EU) 2019/944 davon aus, dass diese fremdbeschafft wird, es sei denn, dies ist wirtschaftlich nicht effizient.[322] Auch den Nutzen von Stromspeichern sollen Netzbetreiber nach Art. 36 Abs. 1 Elektrizitätsrichtlinie (EU) 2019/944 nicht selbst ausbringen, sondern bei Dritten beschaffen.[323] Zudem ist es Netzbetreibern grundsätzlich nicht gestattet, zur Ausbringung der Essential-Facility-Nutzen eigene Energiespeicheranlagen zu verwenden.[324] Im EnWG ist ein Fremdbezug für Verlustenergie, Regelenergie, Blindenergie, Speichernutzen, und Flexi-

---

320 *BNetzA/BKartA*, Monitoringbericht 2015, S. 358: „Innerhalb der Erlösobergrenze können die Netzbetreiber unternehmerisch frei entscheiden, wie sie diese Effizienzvorgaben erfüllen."

321 Siehe oben, Teil C § 11 IV.

322 Art 40 Abs. 4, 5, Art. 2 Nr. 49 der Elektrizitätsrichtlinie (EU) 2019/944.

323 Vgl. Art. 36 Abs. 2 der Elektrizitätsrichtlinie (EU) 2019/944.

324 Siehe oben, Teil C § 11 I 3.

bilitätsdienstleistungen für Einspeisungen und Entnahmen vorgesehen.[325] Speziell für Regelenergie und Speichernutzen ist die Verpflichtung zum Fremdbezug im Sinne eines Ausschreibungsverfahrens konkretisiert.[326] Im Übrigen ist lediglich ein transparentes, diskriminierungsfreies und marktgestütztes Verfahren vorgesehen.[327].

Die Gemeinsamkeit der vorgenannten Vorgaben zum Fremdbezug besteht darin, dass sie Nutzen betreffen, die sich durch die Einspeisung oder Entnahme von Elektrizität erbringen lassen. Dies ist vor dem Hintergrund zu sehen, dass Netzbetreiber Einspeisungen und Entnahmen von Elektrizität in der Regel kostengünstiger bei Dritten beschaffen als selbst ausbringen können. Erbrächte ein Netzbetreiber eine Einspeisung oder Entnahme durch ein eigenes Kraftwerk oder einen Stromspeicher selbst, würde er deren Vollkosten tragen, die nach dem Grundsatz kostenbasierter Entgelte vollständig von den Netznutzern finanziert werden müssten.[328] Demgegenüber lehrt die neoklassische Mikroökonomik, dass Nutzen auf funktionierenden Märkten zu Grenzpreisen erworben werden können.[329] Daher ist anzunehmen, dass die Fremdbeschaffung von Einspeisungen und Entnahmen günstiger ist als ihre Eigenfertigung durch Netzbetreiber, wenn nicht ausnahmsweise die Vollkosten der Netzbetreiber für die Eigenfertigung geringer sind als die entsprechenden Grenzkosten von Drittanbietern oder die Transaktionskosten eines Fremdbezugs besonders hoch sind. Hiervon ist nicht auszugehen, da Drittanbieter bei der Einspeisung und Entnahme von Elektrizität gegenüber Netzbetreibern Bündelungsvorteile genießen. So können Nicht-Netzbetreiber die Nutzen *Verlustenergie*, *Regelenergie*, *Blindenergie* und *Engpassmanagement* mit Anlagen erbringen, die sie auch zur Ausbringung des Nutzens *Wirkenergie* verwenden. Demgegenüber verbietet das Entflechtungsregime Netzbetreibern die Vermarktung des Nutzens *Wirkenergie*.[330] Sie könnten also etwaige eigene Anlagen ausschließlich zur Ausbringung der Nutzen *Verlust-*, *Regel-* und *Blindenergie* sowie *Engpassmanagement* verwenden. Auch für Entnahmen müssten Netzbetreiber eigenständige Anlagen aufbauen, da Netzbetreiber in der Regel nicht ohnehin über Verbrauchsanlagen verfügen, die sich für Zwecke der

325 § 11a Abs. 1 EnWG (Speichernutzen), § 12h Abs. 1 EnWG (Spannungshaltung), § 14c Abs. 1 EnWG (Flexibilitätsdienstleistungen), § 22 Abs. 1 EnWG (Verlust- und Regelenergie).

326 §§ 11a Abs. 1 S. 2, 22 Abs. 2 S. 1 EnWG.

327 §§ 12h Abs. 1, 14c Abs. 1 EnWG.

328 Siehe oben Teil C § 12 II 1.

329 Siehe oben, Teil C § 11 IV.

330 Siehe unten, Teil C § 12 III.

Regelenergie oder des Engpassmanagements nutzen ließen. Vor diesem Hintergrund sind die Vorgaben der Elektrizitätsrichtlinie (EU) 2019/944 zur Fremdbeschaffung als Vorgaben zum Zwecke der Produktionseffizienz bei der Ausbringung der Essential-Facility-Nutzen zu sehen. Dies wird auch in der Systematik der entsprechenden Regelungen im EnWG deutlich. So gibt § 22 Abs. 1 S. 2 EnWG bei der Gestaltung der Beschaffungsverfahren für Regel- und Verlustenergie die Maxime der preisgünstigen Energieversorgung vor. § 22 Abs. 2 S. 4 EnWG formuliert als Ziel, den Aufwand für Regelenergie zu senken. Nach § 22 Abs. 2 S. 5 EnWG kann die Regulierungsbehörde zur Verwirklichung einer effizienten Beschaffung vom Ausschreibungsverfahren zugunsten anderer transparenter, diskriminierungsfreier und marktorientierter Verfahren abweichen. Nach § 12h Abs. 4 S. 1 EnWG kann die Bundesnetzagentur Ausnahmen von der Verpflichtung zum Fremdbezug von Blindenergie vorsehen, wenn dies wirtschaftlich nicht effizient ist. Eine ähnliche Regelung trifft § 14c Abs. 4 EnWG für Flexibilitätsdienstleistungen. Nach § 11a Abs. 1 S. 2, 3 EnWG darf beim Fremdbezug von Speichernutzen der Zuschlag nur zu Preisen erteilt werden, welche die Kosten für die Errichtung, die Verwaltung und den Betrieb einer vergleichbaren Energiespeicheranlage im Eigentum eines Netzbetreibers nicht übersteigen.

Die vorstehenden Ausführungen zeigen, dass die Vorgabe an die Netzbetreiber, bestimmte Produktionsfaktoren der Essential-Facility-Nutzen bei Dritten zu beschaffen, nicht als Ausfluss der Entflechtung missverstanden werden darf. Es handelt sich um Vorgaben zur Maximierung der Produktionseffizienz bei der Ausbringung der Essential-Facility-Nutzen und damit Vorgaben, die durch die Ratio der Entgeltregulierung begründet sind.[331] Sie eröffnen einen Markt für bestimmte Formen der Einspeisung und Entnahme, die Produktionsfaktoren der Essential-Facility-Nutzen bilden. Dieser Markt, auf dem als Nachfrager ausschließlich Netzbetreiber agieren, ist jedoch nur ein Reflex der Bemühungen der Elektrizitätsrichtlinie (EU) 2019/944, die Produktionseffizienz bei der Ausbringung der Essential-Facility-Nutzen zu maximieren.[332] Sollte ausnahmsweise der vorgesehene Fremdbezug nicht effizienter sein als die Eigenfertigung durch Netzbetreiber, etwa weil die für den Fremdbezug in Frage kommenden Märkte nicht funktionieren, so müssen die Netzbetreiber die Möglichkeit haben, auf den Fremdbezug zu verzichten und die notwendige Einspei-

331 Im Ergebnis ebenso *Riewe/Sauer*, EWeRK 2014, 79 [87]; a. A. *Schwintowski*, EWeRK 2015, 81 [92].

332 Im Ergebnis ebenso *Riewe/Sauer*, EWeRK 2014, 79 [87].

sungen und Entnahmen unter Beachtung der Vorgaben der Entflechtung selbst auszubringen.[333] Rechtsdogmatisch ließe sich die Zulässigkeit einer solchen Eigenfertigung begründen, indem die Vorgaben der Elektrizitätsrichtlinie (EU) 2019/944 zum Fremdbezug teleologisch reduziert werden.

Vor diesem Hintergrund lässt sich nun die in Teil A § 1 aufgeworfene Frage nach der Zulässigkeit der Nutzung von Stromspeichern zur Vermeidung von Netzausbau und Redispatch beantworten. Netzbetreib dürfen zwar Stromspeicher im Rahmen des Netzbetriebs nicht ohne Genehmigung der Regulierungsbehörde nutzen. Die Ratio dieser Regelung ist jedoch die Minimierung der Kosten für die Ausbringung der Essential-Facility-Nutzen. Daher wird eine entsprechende Genehmigung zu erteilen sein, wenn sich zeigt, dass die Nutzung eigener Stromspeicher durch Netzbetreiber gegenüber dem Fremdbezug von Speichernutzen kostengünstiger ist. Ökonomische Analysen deuten jedoch darauf hin, dass der Aufbau von Speichern zum Ausgleich der variablen Einspeisung der Erneuerbaren Energien vor allem aufgrund hoher Speicherkosten und niedriger Preisunterschiede zumindest derzeit noch nicht kosteneffizient ist.[334]

3. Zwischenergebnis

Das Spannungsverhältnis zwischen dem Grundsatz des effet utile und dem Grundsatz der Verhältnismäßigkeit gebietet im Kontext der Entgeltregulierung vollkostenorientierte Entgelte, zugleich jedoch Mechanismen zur Steigerung der Produktionseffizienz. Im EnWG sind diese Anforderungen durch die Anreizregulierung in unionsrechtskonformer Weise umgesetzt. Zusätzlich sieht die Elektrizitätsrichtlinie (EU) 2019/944 für bestimmte Produktionsfaktoren der Essential-Facility-Nutzen Verpflichtungen der Netzbetreiber zum Fremdbezug vor. Diese Regelungen betreffen bestimmte Einspeisungen und Entnahmen. Grund hierfür ist, dass Nicht-Netzbetreiber insoweit gegenüber Netzbetreibern in der Regel über Bündelungsvorteile verfügen, die unter anderem auf den Einschränkungen des Entflechtungsregimes beruhen. Da die Vorgaben zur Fremdbeschaffung im Kontext der Bemühung der Elektrizitätsrichtlinie (EU) 2019/944 um

333 *Riewe/Sauer*, EWeRK 2014, 79 [89] mit einer Parallele zum Vergaberecht, das dem Auftragnehmer nicht daran hindere, einen Auftrag „inhouse" auszuführen.

334 *Agora Energiewende*, Toolbox für die Stromnetze, S. 9 mit Verweis auf *Fraunhofer-IWE u.a.*, Roadmap Speicher, S. 13, 73 ff. und *Fraunhofer ISI u.a.*, Langfristszenarien für die Transformation des Energiesystems in Deutschland, S. 8.

maximale Produktionseffizienz stehen, sind sie teleologisch zu reduzieren, wenn sich die Prämisse von der höheren Effizienz der Fremdbeschaffung gegenüber der Eigenfertigung durch Netzbetreiber als falsch erweist.

III. Entflechtung

Nach dem das Ausmaß der mit den Rechtsfolgen der Zugangs- und Entgeltregulierung verbundenen Freiheitsbeschränkungen der Netzbetreiber festgestellt wurde, ist schließlich zu untersuchen, welche Freiheitsbeschränkungen für Netzbetreiber aus dem Entflechtungsregime folgen.

Art. 35 und Art. 43 ff. der Elektrizitätsrichtlinie (EU) 2019/944 sehen für Übertragungs- und Verteilernetzbetreiber unterschiedliche Formen der Entflechtung vor. Übertragungsnetzbetreiber unterliegen gemäß Art. 43 ff. der Elektrizitätsrichtlinie (EU) 2019/944 grundsätzlich der eigentumsrechtlichen Entflechtung.[335] Diese strengste Entflechtungsform verbietet personelle Verflechtungen in den Eigentümer- und Aufsichtsstrukturen von Übertragungsnetzbetreibern und Unternehmen, die „eine der Funktionen Erzeugung oder Versorgung" wahrnehmen.[336]

Verteilernetzbetreiber, die zu einem vertikal integrierten Unternehmen[337] gehören, unterliegen gemäß Art. 35 Abs. 1, 2 der Elektrizitätsrichtlinie (EU) 2019/944 grundsätzlich einer rechtlichen und organisatorischen Entflechtung. Diese Form der Entflechtung verlangt, dass die betroffenen Verteilernetzbetreiber hinsichtlich ihrer Rechtsform, Organisation und Entscheidungsgewalt unabhängig von den „übrigen Tätigkeiten" des vertikal integrierten Unternehmens sind, „die nicht mit der Verteilung zusammenhängen". Personelle Verflechtungen in den Eigentümer- oder Aufsichtsstrukturen sind jedoch, anders als bei der eigentumsrechtlichen Entflechtung, nicht per se unzulässig. Bei vertikal integrierten Unternehmen, die weniger als 100.000 angeschlossene Kunden oder kleine isolierte

335 Sonderregelungen, die an dieser Stelle nicht vertieft werden sollen, gelten für die alternativen Entflechtungsmodelle Independent System Operator und Independent Transmission Operator, Art. 44, 46 der Elektrizitätsrichtlinie (EU) 2019/944.

336 Art. 43 Abs. 1 b) bis d) der Elektrizitätsrichtlinie (EU) 2019/944; zur Intensität der eigentumsrechtlichen Entflechtung: *Büdenbender*, in: FS Salje, S. 33 [43 ff.].

337 Ein Verteilernetzbetreiber gehört zu einem vertikal integrierten Unternehmen, wenn er oder ein Unternehmen, das von denselben Personen kontrolliert wird wie er, zugleich eine der Funktionen *Erzeugung* oder *Versorgung* wahrnimmt, Art. 2 Nr. 53 der Elektrizitätsrichtlinie (EU) 2019/944.

Netze beliefern, können die Mitgliedstaaten gemäß Art. 35 Abs. 5 der Elektrizitätsrichtlinie (EU) 2019/944 von der rechtlichen und organisatorischen Entflechtung absehen.

Schließlich gilt für alle Elektrizitätsunternehmen eine Verpflichtung, getrennte Konten für Übertragungs- und Verteilungstätigkeiten und „andere elektrizitätswirtschaftliche Tätigkeiten“ sowie „Aktivitäten außerhalb des Elektrizitätsbereichs“ zu führen.[338] Diese Regelung betrifft insbesondere Verteilernetzbetreiber, die nicht der rechtlichen und organisatorischen Entflechtung unterliegen, weil sie nicht Teil eines vertikal integrierten Unternehmens sind oder weniger als 100.000 angeschlossene Kunden haben und die Mitgliedstaaten von einer Entflechtung abgesehen haben.[339]

Ausgehend vom Wortlaut der vorbeschriebenen Entflechtungsvorschriften haben die Entflechtungsarten jeweils einen unterschiedlichen Umfang. Die eigentumsrechtliche Entflechtung verlangt eine Trennung des Übertragungsnetzbetriebs und -eigentums von den Funktionen „Erzeugung“ und „Versorgung“. Die rechtliche und organisatorische Entflechtung verlangt eine Trennung des Verteilernetzbetriebs von den „übrigen Tätigkeitsbereichen“. Die getrennte Rechnungslegung verpflichtet alle Elektrizitätsunternehmen, getrennte Konten für Übertragungs- und Verteilungstätigkeiten und „andere elektrizitätswirtschaftliche Tätigkeiten“ zu führen. Der Umfang der rechtlichen und organisatorischen Entflechtung sowie der getrennten Rechnungslegung scheint weiter zu gehen als der Umfang der eigentumsrechtlichen Entflechtung. Dieser Eindruck relativiert sich, wenn man die Systematik der Entflechtungsvorschriften näher betrachtet.

Um die organisatorische Entflechtung des Verteilernetzbetriebs von den „übrigen Tätigkeiten“ zu erreichen, sieht Art. 35 Abs. 2 S. 2 a) der Elektrizitätsrichtlinie (EU) 2019/944 eine Trennung des Verteilernetzbetriebs von den Bereichen „Elektrizitätserzeugung, -übertragung und -versorgung“ vor. Aus Sicht des Unionsgesetzgebers beschränkt sich also der Gehalt des Begriffs „übrige Tätigkeiten“ darauf, neben der Trennung des Netzbetriebs von den Funktionen *Erzeugung* und *Versorgung* eine Trennung des Verteilernetzbetriebs von der Funktion *Übertragung* vorzusehen. Auch ist die rechtliche und organisatorische Entflechtung nur auf vertikal integrierte Unternehmen anwendbar, also auf Unternehmen, welche „mindestens eine der Funktionen Übertragung oder Verteilung und mindestens eine der Funktionen Erzeugung von oder Versorgung“ (sic!) wahrnehmen.[340]

338 Art. 56 Abs. 3 der Elektrizitätsrichtlinie (EU) 2019/944.

339 Näher: *Poullie*, in: Säcker, BerlKommEnR, § 6b Rn. 27.

340 Art. 2 Nr. 53 der Elektrizitätsrichtlinie (EU) 2019/944.

Aus Sicht des Unionsgesetzgebers sind also nur diese Tätigkeiten entflechtungsrechtlich relevant.[341] Ein Verteilernetzbetreiber, der lediglich andere Tätigkeiten als *Erzeugung* und *Versorgung* wahrnimmt, würde also schon nicht dem Tatbestand der rechtlichen und organisatorischen Entflechtung unterfallen. Zusammenfassend lässt sich daher feststellen, dass der Umfang der vom Netzbetrieb zu entflechtenden Tätigkeiten bei der eigentumsrechtlichen sowie der rechtlichen und organisatorischen Entflechtung identisch sind. In beiden Fällen sind – in jeweils unterschiedlicher Intensität – die Tätigkeiten *Erzeugung* und *Versorgung* vom Netzbetrieb beziehungsweise vom Eigentum am Netz zu entflechten. Der deutsche Gesetzgeber hat diese Regelungen mit einigen begrifflichen Abweichungen in das EnWG übernommen.[342] Die Begriffe *Erzeugung* und *Versorgung* sollen im Folgenden näher betrachtet werden.

1. Erzeugung

Der Begriff *Erzeugung* meint gemäß Art. 2 Nr. 37 der Elektrizitätsrichtlinie (EU) 2019/944 die „Produktion von Elektrizität". Diese Formulierung legt die Deutung nahe, *Erzeugung* sei ein Begriff der technischen Ebene und erfasse die Herstellung elektrischer Ladungen, unabhängig davon, welchem Nutzen diese Ladungen auf funktionaler Ebene dienen.[343] An anderer Stelle spricht die Elektrizitätsrichtlinie (EU) 2019/944 jedoch von „Wettbewerb bei der Erzeugung"[344] und von „Anbietern im Bereich Erzeugung"[345]. Damit macht sie deutlich, dass sie unter *Erzeugung* nicht bloß einen technischen Vorgang, sondern einen marktfähigen Nutzen versteht. Wie dieser Nutzen in Abgrenzung zum Nutzen *Versorgung* zu bestimmen ist, lässt sich der Systematik der Elektrizitätsrichtlinie (EU) 2019/944 jedoch nicht entnehmen.

---

341 Vgl. auch Erwägungsgrund 67 der Elektrizitätsrichtlinie (EU) 2019/944, der eine „wirksame Entflechtung" bereits dann als erreicht ansieht, wenn der Netzbetrieb „von der Erzeugung und Versorgung" getrennt ist.

342 Siehe oben, Teil C § 11 III 2; eine deutsche Besonderheit ist die im Unionsrecht nicht vorgesehene buchhalterische Entflechtung des grundsätzlich von den Netzbetreibern durchzuführenden grundzuständigen Messstellenbetriebs für moderne Messeinrichtungen von anderen Tätigkeiten der Energieversorgung, § 3 Abs. 4 S. 2 des Messstellenbetriebsgesetzes.

343 In diese Richtung BGH, Beschl. v. 17.11.2009 – EnVR 66/08, Rn. 18.

344 Art. 46 Abs. 1 c) i), Art. 47 Abs. 5 der Elektrizitätsrichtlinie (EU) 2019/944.

345 Erwägungsgrund 13 der Elektrizitätsrichtlinie (EU) 2019/944.

Das EnWG enthält keine eigene Definition des Erzeugungsbegriffs. Es betont jedoch in § 1 Abs. 3 EnWG und in der Gesetzesbegründung des Entflechtungsregimes,[346] dass es die Umsetzung der europäischen Vorgaben bezwecke. Auch insoweit muss also der Begriff *Erzeugung* nach Maßgabe des Zwecks der Elektrizitätsrichtlinie (EU) 2019/944 unter Berücksichtigung des effet utile und des Grundsatzes der Verhältnismäßigkeit ausgelegt werden.

a) Marktfähigkeit

Der Grundsatz des effet utile verlangt eine Auslegung des Erzeugungsbegriffs, die zu maximaler allokativer und dynamischer Effizienz in Bezug auf den Nutzen *Elektrizitätsversorgung* führt.[347] Die Entflechtung will hierzu beitragen, indem sie sicherstellt, dass Netzbetreiber Spielräume, die ihnen die Zugangs- und die Entgeltregulierung lassen, nicht für Diskriminierungen und Quersubventionierungen nutzen.[348] Ein Anreiz zu Diskriminierungen oder Quersubventionierungen besteht für Netzbetreiber jedoch nur, soweit sie selbst oder Akteure, deren Gewinninteressen in ihre Nutzenabwägungen einfließen, neben den Essential-Facility-Nutzen noch weitere kommerzielle Aktivitäten verfolgen. Der Zweck der Entflechtung rechtfertigt daher nur die Trennung bestimmter Vermarktungstätigkeiten der Netzbetreiber vom Netzbetrieb, nicht jedoch die Einschränkung von Vorgängen, die ausschließlich auf technischer Ebene stattfinden.[349] Ein technisches Verständnis des Erzeugungsbegriffs würde zu einem Umfang der Entflechtung führen, der entgegen Art. 5 Abs. 4 UAbs. 1 EUV über das zur Erreichung ihres Zwecks erforderliche Maß hinausgeht. Der Begriff *Erzeugung* ist daher einschränkend dahingehend auszulegen, dass er nur die Produktion elektrischer Ladungen erfasst, deren Nutzen auf funktionaler Ebene an Dritte vermarktet wird. Dieser Gedanke kommt in Art. 36 Abs. 2 b) und Art. 54 Abs. 2 b) der Elektrizitätsrichtlinie (EU) 2019/944 zum Ausdruck, wonach netzintegrierte Stromspeicher von Netzbetreiber nicht genutzt werden dürfen, um Elektrizität auf Strom-

---

346 BT-Drucks. 17/6072, S. 53 zu Nummer 7.

347 Siehe oben, Teil C § 11 IV.

348 Siehe oben, Teil C § 11 V 3 d).

349 Ähnlich: *Schwintowski*, EWeRK 2014, S. 271 [272]; *Riewe/Sauer*, EWeRK 2014, 79 [85]; *Sauer*, in: FS Schwintowski, S. 658 [662]; a. A. *Doetsch/Kanngießer/Wolf*, Netzintegrierte Stromspeicher, S. 38; *BNetzA*, Eckpunktepapier Smart Grid und Smart Market, S. 32.

märkten zu kaufen oder zu verkaufen. Nach § 11 Abs. 3 S. 3, 7 EnWG können Übertragungsnetzbetreiber unter bestimmten Umständen Kraftwerke als besondere netztechnische Betriebsmittel vorhalten, sofern die Elektrizität aus den Kraftwerken nicht auf den Strommärkten veräußert wird.

b) Keine Marktfähigkeit von Verlustenergie und Blindenergie

Nicht jede Form von Elektrizität lässt sich vermarkten. Dies ist vielmehr nur bei Energie möglich, die einen Nutzen erbringt, für den bei Dritten eine Nachfrage besteht. In diesem Kontext ist zwischen Wirkenergie, Verlustenergie und Blindenergie zu differenzieren.[350] Blindenergie ist ein Produktionsfaktor des Nutzens *Spannungshaltung*. Da die Spannungshaltung als Essential-Facility-Nutzen ausschließlich von Netzbetreibern ausgebracht wird, haben nur Netzbetreiber ein Bedürfnis nach Blindenergie. Potenzielle Wettbewerber erhalten im Rahmen der Zugangsregulierung den Nutzen *Spannungshaltung* als Bestandteil der Essential-Facility-Nutzen von den Netzbetreibern. Dies gilt auch für Verlustenergie. Dabei handelt es sich um einen Produktionsfaktor des Nutzens *Verlustausgleich*, den potenzielle Wettbewerber ebenfalls im Rahmen der Essential-Facility-Nutzen von den Netzbetreibern erhalten. Daher besteht jenseits von den Netzbetreibern selbst keine Nachfrage nach Blind- oder Verlustenergie.

Wirkenergie hingegen ist ein Produktionsfaktor der Elektrizitätsversorgung, der keinen Essential-Facility-Nutzen darstellt.[351] Daher besteht insoweit bei potenziellen Wettbewerbern eine Nachfrage. Wenn also *Erzeugung* nur die Produktion vermarktbarer Elektrizität erfasst und Wirkenergie die einzige Energieform ist, für die bei Nicht-Netzbetreibern eine Nachfrage besteht, so ist nur die Produktion von Wirkenergie *Erzeugung*.[352]

---

350 Siehe oben, Teil C § 11 V 2.

351 Siehe oben, Teil C § 11 V 2.

352 Im Ergebnis ähnlich *Riewe/Sauer*, EWeRK 2014, 79 [86], die zwischen elektrischer Leistung in einem nicht näher bestimmten *Transportbereich* und elektrischer Leistung im Energiemarkt differenzieren.

c) Zuordnung im Bilanzkreissystem

Ob Energie auf funktionaler Ebene den Nutzen *Blindenergie*, *Verlustenergie* oder *Wirkenergie* erbringt, hängt davon ab, ob und wie sie im so genannten Bilanzkreissystem verbucht wird. Das Bilanzkreissystem ist ein System virtueller Elektrizitätskonten – so genannter Bilanzkreise –, die bei den Übertragungsnetzbetreibern geführt werden und in denen alle im Leitungssystem vorgenommenen Einspeisungen und Entnahmen verbucht werden.[353] Einspeisungen werden durch die Zuordnung im Bilanzkreissystem auf funktionaler Ebene bestimmten Nutzern zugeordnet. Auf diese Weise wird nachvollzogen, ob die Netznutzer ihrer Verpflichtung nachkommen, jede Entnahme durch eine zeitgleiche Einspeisung zu decken, und ob die Netzbetreiber ihrer gesetzlichen Verpflichtung nachkommen, die Netzverluste durch Einspeisung zu decken.[354]

Jeder Netznutzer muss gegenüber den Übertragungsnetzbetreibern einen Bilanzkreis benennen, in dem die vom Netznutzer getätigten Einspeisungen und die Entnahmen verbucht werden.[355] Die Netznutzer können dabei entweder selbst einen Bilanzkreis eröffnen oder den Bilanzkreis eines Dritten nutzen. In dem vom Netznutzer benannten Bilanzkreis wird die von den Kunden des Netznutzers entnommene Wirkenergie viertelstundengenau auf der Soll-Seite verbucht.[356] Der jeweilige Bilanzkreisverantwortliche muss dafür sorgen, dass die in seinem Bilanzkreis verbuchten Entnahmen durch eine viertelstundengenaue Einspeisung von Wirkenergie gedeckt werden und die Einspeisung auf der Haben-Seite des Bilanzkreises verbucht wird. Die korrekte Verbuchung auf der Haben-Seite des Bilanzkreises ist aus Sicht des Bilanzkreisverantwortlichen und des Netznutzers von großer Bedeutung. Elektrizität, die auf technischer Ebene eingespeist, aber nicht im Bilanzkreis verbucht wurde, gilt nämlich auf funktionaler Ebene als nicht eingespeist, was dazu führen kann, dass der Bilanzkreisverantwortliche teure Ausgleichsenergie beim Netzbetreiber erwerben muss.[357] Aus Sicht eines potenziellen Wettbewerbers entfaltet daher Elektrizität, die in das Leitungssystem eingespeist wird, nur dann auf funktionaler Ebene den Nutzen *Wirkenergie*, wenn sie als solche im korrek-

353 Vgl. § 20 Abs. 1a S. 5 EnWG, §§ 3 Abs. 2, 4 Abs. 1 S. 1 StromNZV.
354 Siehe oben, Teil C § 12 I 2.
355 § 4 Abs. 2 S. 1 StromNZV.
356 Vgl. § 4 Abs. 3 S. 1 StromNZV.
357 § 8 StromNZV.

ten Bilanzkreis verbucht wird. Nur dann ist der potenzielle Wettbewerber bereit, hierfür den Preis für Wirkenergie zu zahlen.

Neben den Bilanzkreisen der Netznutzer verfügen die Netzbetreiber jeweils über einen Verlustbilanzkreis. Dort wird die rechnerisch für ihr Netzgebiet ermittelte Verlustenergie auf der Soll-Seite verbucht.[358] Einspeisungen, die in diesem Bilanzkreis auf der Haben-Seite verbucht werden, entfalten auf funktionaler Ebene den Nutzen *Verlustenergie*. Blindenergie schließlich wird nicht von regulären Messeinrichtungen erfasst und nicht im Bilanzkreissystem verbucht.

Wenn also nur die Produktion von Wirkenergie *Erzeugung* ist und nur Energie, die im Bilanzkreissystem als solche verbucht wird, den Nutzen *Wirkenergie* erbringt, so ist *Erzeugung* nur Energie, die als Wirkenergie im Bilanzkreis eines Dritten verbucht wird. Energie, die im Verlustbilanzkreis eines Netzbetreibers oder gar nicht im Bilanzkreissystem verbucht wird, entfaltet hingegen nicht den Nutzen *Wirkenergie* und ist daher keine *Erzeugung*.

2. Versorgung

Versorgung ist in Art. 2 Nr. 12 der Elektrizitätsrichtlinie (EU) 2019/944 definiert als „Verkauf, einschließlich des Weiterverkaufs, von Elektrizität an Kunden". Der Begriff *Kunde* bezeichnet „einen Großhändler bzw. Endkunden, der Elektrizität kauft".[359] Großhändler kaufen Elektrizität „zum Zwecke des Weiterverkaufs", Endkunden tun dies „für den Eigenverbrauch".[360] Damit unterfällt praktisch jeder Verkauf von Elektrizität dem Begriff *Versorgung*, wenn man sich allein nach dem Wortlaut dieser Begriffsbestimmungen richtet. Aus der Systematik der Elektrizitätsrichtlinie (EU) 2019/944 und ihrer Vorgängerin 2009/72/EG folgt jedoch eine einschränkende Auslegung. Wäre tatsächlich jeder Verkauf von Elektrizität *Versorgung*, bliebe für den von Erwägungsgrund 43 der Elektrizitätsrichtlinie 2009/72/EG und Erwägungsgrund 13 sowie Art. 46 Abs. 1 c) und i), Art. 47 Abs. 5 der Elektrizitätsrichtlinie (EU) 2019/944 vorausgesetzten Markt für Erzeugung kein Raum. Bei einem derart weitgehenden Versorgungsbegriff wäre auch der von den Netzbetreibern durchzuführende Systemausgleich *Versorgung*, denn dabei verkaufen die Übertragungsnetz-

358 Vgl. § 10 Abs. 2 S. 1 StromNZV.
359 Art. 2 Nr. 1 der Elektrizitätsrichtlinie (EU) 2019/944.
360 Art. 2 Nr. 2, 3 der der Elektrizitätsrichtlinie (EU) 2019/944.

betreiber Elektrizität in Form von Ausgleichsenergie an Bilanzkreisverantwortliche, deren Bilanzkreise in einer Viertelstundenperiode eine Unterdeckung aufweisen.[361] Der Verkauf von Ausgleichsenergie ist jedoch Bestandteil des Essential-Facility-Nutzens *Systemausgleich* und kann daher keine entflechtungspflichtige Versorgung sein. Diese systematischen Erwägungen sprechen dafür, dass der Unionsgesetzgeber mit dem Begriff *Versorgung* nicht jeden Verkauf von Elektrizität beschreiben wollte, sondern den Nutzen *Elektrizitätsversorgung*, also die am Anschluss des Kunden bedarfsgerecht bereitgestellte Elektrizität. Der Begriff steht im Gegensatz zum Begriff *Erzeugung*, welche Elektrizität beschreibt, die als Produktionsfaktor der Elektrizitätsversorgung nach vorab festgelegten Fahrplänen in das Leitungssystem eingespeist wird.

Auch die *Versorgung* entfaltet auf funktionaler Ebene ihren Nutzen nur dann, wenn sie im Bilanzkreissystem nachvollzogen wird. Dazu muss das versorgende Elektrizitätsversorgungsunternehmen die Bilanzierungsverantwortung für die Entnahmestelle des Kunden übernehmen. *Versorgung* liegt also auf funktionaler Ebene nur dann vor – und nur dann ist der Kunde hierfür zu zahlen bereit – wenn die Entnahmestelle des Kunden in den Bilanzkreis des Versorgers oder eines von ihm beauftragten Bilanzkreisverantwortlichen einbezogen wird.[362]

3. Zwischenergebnis

Die europäischen Entflechtungsregelungen sehen im Ergebnis eine Entflechtung des Netzbetriebs von den Funktionen *Erzeugung* und *Versorgung* vor. Die deutschen Entflechtungsvorschriften setzen dies mit der Maßgabe um, dass *Versorgung* im EnWG als *Vertrieb* bezeichnet wird, womit jedoch keine inhaltliche Abweichung vom Unionsrecht verbunden ist. Unter Berücksichtigung des effet utile und des Grundsatzes der Verhältnismäßigkeit liegt eine entflechtungspflichtige Erzeugung nur dann vor, wenn ein Netzbetreiber Elektrizität ausbringt, die im Bilanzkreis eines Dritten als Wirkenergie verbucht wird. Eine entflechtungspflichtige *Versorgung* liegt nur dann vor, wenn ein Netzbetreiber im Bilanzkreissystem die Bilanzierungsverantwortung für die Entnahmestelle eines Endkunden übernimmt, indem diese in den Bilanzkreis des Netzbetreibers aufgenommen wird.

361 § 8 StromNZV.

362 Vgl. § 4 Abs 2 S. 2, Abs. 3 StromNZV.

Vor diesem Hintergrund ist eine netzintegrierte Speichernutzung aus Sicht des Entflechtungsregimes unproblematisch, solange die ausgespeicherte Elektrizität entweder nicht im Bilanzkreissystem auftaucht oder dort nur als Verlustenergie im Bilanzkreis eines Netzbetreibers verbucht wird.

IV. Ergebnis

Zusammenfassend lässt sich feststellen, dass aus den Rechtsfolgen der Zugangsregulierung, Entgeltregulierung und Entflechtung erhebliche Freiheitsbeschränkungen für Netzbetreiber folgen. Auf funktionaler Ebene begründet die Zugangsregulierung einen Nutzenverschaffungsanspruch für potenzielle Wettbewerber betreffend die Nutzen *konduktive Verbindungen, Ermittlung und Deckung der Transportverluste, Systemausgleich, Spannungshaltung* und *Engpassmanagement*, der keinen Raum für individuelle Gestaltungen der Netzbetreiber lässt. Funktionale Erweiterungen oder Einschränkungen der zu leistenden Nutzen sind ihnen ebenso verwehrt wie mengenmäßige Beschränkungen. Produktinnovationen lässt die Zugangsregulierung nur entbündelt von den Essential-Facility-Nutzen zu. Zusätzlich folgen aus den Entflechtungsvorgaben Einschränkungen in Bezug auf Tätigkeiten, die Netzbetreiber neben der Ausbringung der Essential-Facility-Nutzen durchführen können. Diese Einschränkungen betreffen jedoch nur die Produktion von Elektrizität, die als Wirkenergie im Bilanzkreis eines Dritten verbucht wird, sowie die Übernahme der Bilanzierungsverantwortung für Entnahmestellen von Endkunden. Die Entflechtungsvorgaben stehen daher einer netzintegrierten Speichernutzung nicht entgegen.

Auf technischer Ebene folgen wesentliche Freiheitsbeschränkungen für Netzbetreiber aus der Entgeltregulierung. Zwar ist der durch die Anreizregulierung verursachte Druck zur Steigerung der Produktionseffizienz im Grundsatz technologieoffen. Daneben unterliegen die Netzbetreiber jedoch in Bezug auf bestimmte Produktionsfaktoren der Essential-Facility-Nutzen einer Verpflichtung zum Fremdbezug. Netzbetreibern ist grundsätzlich die Eigenfertigung von Regelenergie, Verlustenergie, Blindenergie sowie das Engpassmanagement durch eigene Einspeisungen oder Entnahmen verwehrt. Dies gilt auch für die Ausbringung dieser Nutzen durch netzintegrierte Stromspeicher. Da die Beschaffungsvorgaben jedoch im Kontext der Bemühung der Elektrizitätsrichtlinie (EU) 2019/944 zur Maximierung der Produktionseffizienz bei der Ausbringung der Essential-Facility-Nutzen stehen, kommt eine teleologische Reduktion der Vorgaben in

Betracht, sofern eine Eigenfertigung der Nutzen effizienter erscheint als ihr Fremdbezug.

Teil D. Netzbegriff und netzintegrierte Speichernutzung in den USA

Die USA eignen sich aus zwei Gründen besonders für eine Vergleichsbetrachtung zum Begriff des Netzes und zu den Möglichkeiten der netzintegrierten Speichernutzung. Zum einen besteht in den USA auf Bundesebene und in einigen Bundesstaaten eine rechtliche Trennung des Netzbetriebs und anderer Tätigkeiten der Elektrizitätsversorgung, die von ähnlichen ökonomischen Erwägungen geprägt ist wie die europäische Regulierung.[363] Nur im Falle einer solchen rechtlichen Trennung stellt sich die Frage nach der rechtlichen Kategorisierung der Speichernutzung im elektrizitätswirtschaftlichen Rollenmodell. In Rechtsordnungen, in denen die Elektrizitätswirtschaft als Monopol strukturiert ist, sind Netze unselbstständige technische Betriebsmittel und treten auf funktionaler Ebene nicht selbstständig in Erscheinung. Die Frage der netzintegrierten Speichernutzung ist in diesen Rechtsordnungen eine Frage der technischen Ebene und der Produktionseffizienz. Zum anderen werden Stromspeicher in den USA bereits seit geraumer Zeit in kommerziellem Ausmaß von Elektrizitätsversorgungsunternehmen genutzt und werden nach Ansicht des US-Bundesenergieministeriums zukünftig eine immer wichtigere Rolle spielen.[364] Demgegenüber ist in Rechtsordnungen, in denen Stromspeicher lediglich als Annex zu Kraftwerken oder Verbrauchsanlagen oder in Form von nicht kommerziellen Forschungsprojekten genutzt werden, kein ausgereifter Rechtsrahmen für die netzintegrierte Speichernutzung zu erwarten. Vor diesem Hintergrund soll im folgenden Teil, nach einem Überblick zur Entwicklung und Struktur der US-Regulierung im Elektrizitätssektor, der Rechtsrahmen für die netzintegrierte Speichernutzung dargestellt und analysiert werden.

---

363 *Lazar*, Electricity Regulation in the US, S. 3 ff.; die Eigenschaft des Netzes als natürliches Monopol wird dabei immer wieder in Frage gestellt; vgl. *Grossmann*, in: Grossmann/Cole, S. 11 ff.

364 *U.S. Department of Energy*, Grid Energy Storage, S. 4.

§ 13 Regelungen auf Bundesebene

Ausgangspunkt der US-Regulierung im Elektrizitätssektor auf Bundesebene waren, wie in Europa, private Elektrizitätsversorgungsunternehmen, die sich zu Gebietsmonopolen entwickelt hatten.[365] Mit dem Federal Power Act von 1935 (FPA)[366] wurden diese erstmals einem Diskriminierungsverbot und einer kostenbasierten Entgeltregulierung durch einen Vorläufer der heutigen Bundes-Regulierungsbehörde Federal Energy Regulatory Commission (FERC) unterworfen.[367] Im gleichen Jahr wurden mit dem Public Utility Holding Company Act (PUHCA)[368] die Gebietsmonopole der Elektrizitätsversorgungsunternehmen rechtlich bestätigt, ihre Zulässigkeit jedoch auf das Gebiet eines einzigen Bundesstaats beschränkt.

Die Entgeltregulierung des FPA bezog sich nur auf die Lieferung von Elektrizität zwischen Elektrizitätsversorgungsunternehmen in benachbarten Bundesstaaten. Grund hierfür war, dass die Gesetzgebungskompetenz des US-Bundesgesetzgebers nur Großhandelstransaktionen („sale of energy at wholesale") – also den Verkauf von Elektrizität an andere Elektrizitätsversorgungsunternehmen zum Zwecke des Weiterverkaufs – sowie die leitungsgebundene Übertragung von Elektrizität („transmission of electric energy") umfasste und dies jeweils nur, sofern ein grenzüberschreitender Bezug zwischen US-Bundesstaaten bestand („interstate commerce").[369] Die Produktion von Elektrizität („generation") und ihre Verteilung innerhalb der Bundesstaaten („local distribution or transmission of electric energy in intrastate commerce") lagen in der Zuständigkeit des jeweiligen Bundesstaats. Die Zuständigkeit hing also von der funktionalen Einordnung eines Vorgangs ab und von der Frage, ob ein grenzüberschreitender Bezug zwischen US-Bundesstaaten besteht.[370] Dies hat sich bis heute nicht verändert.[371]

Bis in die 1970er Jahre sorgten verbesserte Technologien und ein steigender Verbrauch für stetig sinkende Kosten der Elektrizitätsversorgung. Die Investitionen in die Infrastruktur konnten kontinuierlich steigen und

---

365 Zum Überblick: *Tomain/Cudahy*, Energy Law, S. 388.

366 Federal Power Act, 16 U.S.C. § 824-824m (1935).

367 Näher: *Eisen*, UC Davis Law Review 2016, S. 1783 [1790]; *Kearney/Merrill*, Columbia Law Review 1998, S. 1323 [1330]; *Tomain/Cudahy*, Energy Law, S. 391.

368 Public Utility Companies Act, 15 U.S.C. § 79 (1935).

369 Vgl. heute 16 U.S.C. § 824(b); *Lazar*, Electricity Regulation in the US, S. 24.

370 *Meyer*, Columbia Journal of Environmental Law 2014, S. 479 [524].

371 16 U.S.C. § 824(a), (b); näher: *Tomain/Cudahy*, Energy Law, S. 388.

zugleich konnten die regulierten Entgelte für die Elektrizitätsversorgung kontinuierlich sinken.[372] Im Laufe der 1970er Jahre fand diese Dynamik ein Ende. Die technologischen Sprünge wurden kleiner und es wurde deutlich, dass die Kernenergie die in sie gesetzten Erwartungen nach günstiger Elektrizität nicht erfüllen konnte.[373] Hinzu kam die Ölkrise, welche die Preise für fossile Energieträger explodieren ließ.[374] In diesem Kontext wurden mit dem Public Utilities Regulatory Policies Act von 1978 (PURPA)[375] erste Schritte zur Öffnung der Elektrizitätsversorgungsmonopole unternommen. PURPA verpflichtete die Elektrizitätsversorgungsmonopolisten, überschüssige Elektrizität aus bestimmten Anlagen von Nicht-Energieversorgungsunternehmen abzunehmen.[376] Dabei handelte es sich überwiegend um Anlagen zur Kraft-Wärme-Kopplung von Unternehmen des produzierenden Gewerbes, die zur Eigenversorgung betrieben wurden.[377] Damit sollten Anreize zum Energiesparen gesetzt und die Nutzung heimischer Energieträger gefördert werden.[378] Der Preis, zu dem die Elektrizitätsversorgungsmonopolisten die Elektrizität abzunehmen hatten, entsprach ihren vermiedenen Produktionskosten.[379] Es zeigte sich, dass zahlreiche Nicht-Elektrizitätsversorgungsunternehmen in ihren Kraftwerken deutlich günstiger Elektrizität produzieren konnten als die Elektrizitätsversorgungsmonopolisten.[380] Letztere hatten offenbar in Zeiten steigender technologischer Sprünge und steigender Stromnachfrage Überkapazitäten aufgebaut und Potenziale zur Kostensenkung ungenutzt gelassen.[381] Daher hatten sie mit unverhältnismäßig hohen Fixkosten zu kämpfen. Nicht zuletzt aufgrund dieser Erfahrungen mit PURPA setzte sich in der US-Ökonomik die Erkenntnis durch, dass sich das in der Elektrizitätswirtschaft angenommene natürliche Monopol nicht auf die gesamte Wertschöpfungs-

---

372 *Hogan*, Electricity Market Structure and Infrastructure, S. 7.

373 *Tomain/Cudahy*, Energy Law, S. 393; *Hogan*, Electricity Market Structure and Infrastructure, S. 8.

374 *Tomain/Cudahy*, Energy Law, S. 391; *Hogan*, Electricity Market Structure and Infrastructure, S. 8.

375 Public Utilities Regulatory Policies Act, 16 U.S.C. §§ 2601 ff. (1978).

376 Vgl. aktuell 16 U.S.C. § 824a–3; zum Hintergrund: *Tomain/Cudahy*, Energy Law, S. 396 f.

377 *Tomain/Cudahy*, Energy Law, S. 396 f.

378 *Tomain/Cudahy*, Energy Law, S. 396 f.

379 *Hogan*, Electricity Market Structure and Infrastructure, S. 8 f.

380 *Hogan*, Electricity Market Structure and Infrastructure, S. 8 f.

381 *Hogan*, Electricity Market Structure and Infrastructure, S. 7.

kette erstreckt, sondern auf den Transport von Elektrizität beschränkt ist.[382]

I. Der Tatbestand Netz

Die Erfahrungen mit PURPA mündeten in den Energy Policy Act von 1992 (EPA 1992).[383] Darin wurden im Rahmen der Zuständigkeit des US-Bundesgesetzgebers weitreichende Ermächtigungen zugunsten der Regulierungsbehörde FERC eingeführt, um den Großhandel mit Elektrizität über die Grenzen von US-Bundesstaaten hinweg zu liberalisieren und zu diesem Zweck die Übertragung von Elektrizität zu regulieren.[384] In diesem Rahmen wurde die FERC ermächtigt, Elektrizitätsversorgungsunternehmen, die über Infrastruktur zur Stromübertragung verfügten („facilities for transmission of electric energy“) zu verpflichten, an einen Kreis bestimmter Nutzer *wholesale transmission services* zu erbringen.[385] PURPA verfolgte damit auf der Tatbestandsseite der Regulierung einen ähnlichen Ansatz wie die Elektrizitätsrichtlinie (EU) 2019/944. Sie knüpfte die Regulierung an technische Infrastruktur, die auf funktionaler Ebene dem Nutzen *Transport von Elektrizität* diente, jedoch ohne diesen Nutzen zu definieren. Es handelte sich um einen faktisch-rezeptiven Netzbegriff, der auf die ehemaligen Gebietsmonopolisten und ihre überkommene Infrastruktur abzielte.

II. Netzbezogene Rechtsfolgen

Mit der Aufforderung an die FERC, Netzbetreiber zu verpflichten, an qualifizierte Nutzer *wholesale transmission services* zu erbringen, machte der US-Bundesgesetzgeber schon durch die Wortwahl deutlich, dass nach seiner Vorstellung Wettbewerb auf dem Elektrizitätsversorgungsmarkt einen funktionalen Anspruch erfordert, der auf Verschaffung von Nutzen gerichtet ist. Das Wesen der Zugangsregulierung als Nutzenverschaffungsanspruch kommt hier deutlicher zum Ausdruck als in der Elektrizitätsrichtli-

382 *Hogan*, Electricity Market Structure and Infrastructure, S. 9.

383 Energy Policy Act, 16 U.S.C. §§ 2601 ff. (1992).

384 Theoretisch hatte die FERC bereits unter PURPA die Ermächtigung, eine Öffnung der Übertragungsnetze vorzugeben, jedoch waren die Voraussetzungen so hoch, dass dies keine praktisch Relevanz erlangte, *Tomain/Cudahy*, Energy Law, S. 401.

385 16 U.S.C. §§ 824j(a), 824(b)(1), 824e.

nie (EU) 2019/944 und den entsprechenden Regelungen im EnWG, die mit *Zugang* einen Begriff verwenden, dessen Wesen als Nutzenverschaffungsanspruch sich erst durch Auslegung ermitteln lässt.[386] Das klare Bekenntnis des US-Bundesgesetzgebers zum Nutzenverschaffungsanspruch folgt nicht zuletzt daraus, dass die Zuständigkeit des Bundesgesetzgebers und der Bundesregulierungsbehörde FERC an die Art des von Elektrizitätsversorgungunternehmen erbrachten Nutzens gebunden ist, nämlich den Verkauf von Elektrizität für Zwecke des Weiterverkaufs und die leitungsgebundene Übertragung von Elektrizität, jeweils mit grenzüberschreitendem Bezug.[387]

Bei der Ausgestaltung der Verpflichtung der Netzbetreiber zur Erbringung von *wholesale transmission services* genoss die FERC weitgehende Autonomie, von der sie insbesondere mit Order 888[388] Gebrauch machte. Der wesentliche Inhalt von Order 888 und ihre netzbezogenen Rechtsfolgen werden im Folgenden erörtert und mit den Regelungen des Unionsrechts und des EnWG verglichen.

1. Umfang der Essential-Facility-Nutzen

Kerngehalt von Order 888 ist die Verpflichtung der Netzbetreiber zur Erbringung von *wholesale transmission services* an einen Kreis qualifizierter Nutzer und die inhaltliche Konkretisierung der *services*. Danach haben die Netzbetreiber an die Nutzer ein Gesamtpaket bestehend aus den Nutzen *konduktive Verbindungen*, *Spannungshaltung* und *Engpassmanagement* zu leisten.[389]

Zudem haben die Netzbetreiber optional den Nutzen *Systemausgleich* anzubieten.[390] Die Nutzer haben jedoch die Möglichkeit, den Ausgleich zwischen ihren Einspeisungen und Entnahmen selbst herzustellen oder von einem Dritten durchführen zu lassen und auf die Erbringung des

---

386 Siehe oben, Teil C § 12 I 1.

387 Vgl. *Lazar*, Electricity Regulation in the US, S. 24.

388 75 FERC ¶ 61,080 (Order 888).

389 *Point-to-Point Transmission Service* bzw. *Network Integration Transmission Service*, *Scheduling, System Control and Dispatch Service* und *Reactive Supply and Voltage Control Service*, vgl. 75 FERC ¶ 61,080 (Order 888), Appendix D, S. 20 ff., 35 ff., 81 ff., Schedules 1 und 2; *Hirst/Kirby*, Unbundling Generation and Transmission Services, S. 8 ff.

390 *Regulation and Frequency Response*, *Energy Imbalance* und *Operating Reserve*, 75 FERC ¶ 61,080 (Order 888), Appendix D, S. 20 ff.

Nutzens *Systemausgleich* durch den Netzbetreiber zu verzichten.[391] Insoweit unterscheidet sich der Inhalt des US-Nutzenverschaffungsanspruchs vom deutschen Modell, in dem der Nutzen *Systemausgleich* fester Bestandteil des von den Netzbetreibern zu leistenden Nutzenpakets ist.[392] Hintergrund dürfte sein, dass die Nutzungsregelungen von Order 888 bedingt durch die Zuständigkeit des US-Bundesgesetzgebers und der FERC auf grenzüberschreitende Transaktionen und Übertragungen beschränkt ist.[393] Daher betrifft Order 888 im Wesentlichen den Transport aus oder den Stromtransit durch die Leitungssysteme der betroffenen Netzbetreiber, bei dem der Strom nicht von Endkunden, sondern von anderen Elektrizitätsversorgungsunternehmen entnommen wird. Solche von Elektrizitätsversorgungsunternehmen gebündelten Entnahmen können wesentlich einfacher transaktionsgenau mit den Einspeisungen ins Gleichgewicht gesetzt werden. Unter diesen Umständen kann angenommen werden, dass die Herstellung des Ausgleichs zwischen Einspeisungen und Entnahmen nicht zwingend eine essential facility bildet. Ausgehend von dieser Prämisse ist es konsequent, den Nutzen nicht als zwingenden, sondern lediglich als optionalen Bestandteil des von den Netzbetreibern zu leistenden Nutzenpakets festzulegen.

Auch in Bezug auf den Nutzen *Verlustausgleich* folgt Order 888 einem anderen Ansatz als das deutsche Modell. Letzteres sieht vor, dass die Netzbetreiber die Transportverluste gebündelt für das von ihnen verantwortete Leitungssystem ermitteln.[394] Eine individuelle Berechnung von Transportverlusten für Einspeisungen und Entnahmen einzelner Nutzer ist nicht vorgesehen. Daher erfolgt auch die Deckung der Transportverluste durch die Netzbetreiber in gebündelter Form, obwohl der Nutzen *Deckung der Transportverluste* für sich genommen keine essential facility der Elektrizitätsversorgung ist.[395] Nach Order 888 ist hingegen die Deckung der Transportverluste nicht Bestandteil des von den Netzbetreibern zu erbringenden Nutzenpakets. Vielmehr ermitteln die Netzbetreiber für jede Transaktion einen rechnerischen Transportverlust, der von den Nutzern

391 75 FERC ¶ 61,080 (Order 888), Appendix D, S. 21.

392 Siehe oben, Teil C § 12 I 2.

393 Vgl. 75 FERC ¶ 61,080 (Order 888), S. 239 f.: “Regulation and Frequency Response Service is not required for transmission out of or through the transmission provider's control area. We conclude that this service must be offered only for transmission within or into the transmission provider's control area to serve load in the area.”

394 Siehe oben, Teil C § 12 I 2.

395 Siehe oben, Teil C § 11 V 2 c).

zu decken ist.[396] Auch diese Regelung dürfte darauf beruhen, dass die Regeln der FERC im Wesentlichen den Transport aus oder den Stromtransit durch das Leitungssystem der jeweiligen Netzbetreiber betreffen. Bei solchen großen Transaktionen steht der Aufwand einer transaktionsgenauen Ermittlung der Transportverluste nicht außer Verhältnis zur Größe der Transaktion.

Die FERC stellt in Order 888 klar, dass der Umfang der *wholesale transmission services* sich nach den Bedürfnissen der Nutzer zu richten hat, und dass die technische Netzebene im Hinblick auf diese funktionalen Vorgaben zu gestalten und gegebenenfalls anzupassen ist.[397] Auch insoweit formuliert Order 888 klarer als die entsprechenden europäischen und deutschen Regelungen, denen sich die bedürfnisorientierte Ausgestaltung des von den Netzbetreiber zu leistenden Nutzenpakets erst durch Auslegung entnehmen lässt.[398]

Order 888 macht keine unmittelbaren Vorgaben zur Gestaltung der technischen Infrastruktur. Sie verlangt jedoch angemessene und faire Entgelte, wodurch ein Produktionseffizienzdruck entsteht, der die Netzbetreiber zur Verwendung kosteneffizienter Betriebsmittel zwingt.[399] Dieser Ansatz ähnelt den Regelungen im europäischen und deutschen Recht. Eine Besonderheit im US-Recht ist, dass der US-Gesetzgeber mit dem Energy Policy Act von 2005 (EPA 2005) die FERC aufforderte, auf technischer Ebene die Nutzung neuartiger Übertragungstechnologien zu fördern, zu

---

396 75 FERC ¶ 61,080 (Order 888), Appendix D, S. 52, 83; die Regelung ähnelt der Regelung zum Verlustausgleich im früheren deutschen Modell des verhandelten Netzzugang nach der Verbändevereinbarung über Kriterien zur Bestimmung von Durchleitungsentgelten vom 22. Mai 1998, 2.7. (Verbändevereinbarung I).

397 75 FERC ¶ 61,080 (Order 888), S. 159 f.: "The Commission believes that a utility's tariff must offer to provide any point-to-point transmission service and network transmission service that customers need, even though the utility may not provide itself the specific service requested. [...] Thus, a public utility must offer transmission services that it is reasonably capable of providing, not just those services that it is currently providing to itself or others."; vgl. auch 16 U.S.C. § 824f: "Whenever the Commission, upon complaint of a State commission, after notice to each State commission and public utility affected and after opportunity for hearing, shall find that any interstate service of any public utility is inadequate or insufficient, the Commission shall determine the proper, adequate, or sufficient service to be furnished, and shall fix the same by its order, rule, or regulation."

398 Siehe oben, Teil C § 12 I 3.

399 16 U.S.C. § 824d(a); 75 FERC ¶ 61,080 (Order 888), Appendix D.

denen neben Optimierungsmaßnahmen die netzintegrierte Speichernutzung gehört.[400]

2. Entflechtung

Neben der Verpflichtung der Netzbetreiber zur Leistung von *wholesale transmission services* zu regulierten Entgelten verlangt Order 888 eine funktionale Entflechtung dieser *services* von so genannten *wholesale marketing functions*.[401] Die Wortwahl *marketing functions* macht deutlich, dass sachfremde Interessen, die auf den Netzbetrieb einwirken können, aus Sicht der FERC lediglich von Vermarktungstätigkeiten zu erwarten sind. Noch deutlicher wurde dies in der nachfolgenden Order 2000 der FERC, in der sie die Unabhängigkeit von Akteuren, die *wholesale transmission services* erbringen, von *market participants* vorschlug.[402] Als *market participants* definierte die FERC Unternehmen, die Elektrizität verkaufen oder vermitteln („selling or brokering electric energy") und Unternehmen, deren wirtschaftliche oder kommerzielle Interessen erheblich von den Handlungen oder Entscheidungen der Netzbetreiber betroffen sind.[403] Die in Order 2000 vorgeschlagenen Entflechtungsregelungen sind zwar aufgrund der beschränkten Zuständigkeit der FERC nur unverbindliche Anregungen.[404] Sie bringen jedoch die Ratio der Entflechtung auf den Punkt. Schädliche Auswirkungen auf den Netzbetrieb sind nur von kommerziellen Vermarktungstätigkeiten zu erwarten. Daher sind nur diese, und nicht etwa technische Vorgänge, vom Netzbetrieb zu entflechten. Auch insoweit formuliert die FERC unmittelbar, was sich im Rahmen der europäischen und deutschen Entflechtungsvorschriften erst aus der Auslegung ergibt.[405]

---

400 42 U.S.C. § 16422.

401 75 FERC ¶ 61,080 (Order 888), S. 57 ff.

402 89 FERC ¶ 61,285 (Order 2000), S. 709; die Entflechtungsregelungen stellten dabei aufgrund der beschränkten Kompetenz der FERC keine bindenden Verpflichtungen dar, näher: *Tomain/Cudahy*, Energy Law, S. 405 ff; *Hunt*, Making Competition Work in Electricity, S. 269 ff.

403 89 FERC ¶ 61,285 (Order 2000), S. 702.

404 *Lazar*, Electricity Regulation in the US, S. 25.

405 Siehe oben, Teil C § 12 III 3.

3. Ergebnis

Es lässt sich festhalten, dass das US-Bundesrecht auf Tatbestandsebene ähnlich wie die Elektrizitätsrichtlinie (EU) 2019/944 technische Infrastruktur erfasst, die dem Transport von Elektrizität dient. Der Begriff des Stromtransports wird jedoch nicht definiert. Damit handelt es sich beim Tatbestandsmerkmal *Netz* im US-Bundesrecht ähnlich wie im europäischen und deutschen Recht um einen faktisch-rezeptiven Begriff, der auf die ehemaligen Gebietsmonopolisten und ihre überkommene Infrastruktur abzielt.

Auf Rechtsfolgenseite sieht das US-Bundesrecht zur Herstellung von potenziellem Wettbewerb auf dem Elektrizitätsversorgungsmarkt einen Nutzenverschaffungsanspruch vor. Direkte Vorgaben zur Gestaltung der technischen Ebene des Netzes sind nicht vorgesehen. Insoweit bestätigt der Blick in die USA das in Teil C gefundene Ergebnis, dass solche Vorgaben für die Zwecke der Regulierung nicht erforderlich sind. Der Umfang des Nutzenverschaffungsanspruchs nach Order 888 fällt enger aus als im europäischen und deutschen Recht. Dies lässt sich dadurch begründen, dass die Liberalisierung der Elektrizitätsversorgung in den USA bedingt durch die Grenzen der Zuständigkeit des US-Bundesgesetzgebers und der FERC auf grenzüberschreitende Transaktionen und Übertragungen beschränkt ist. Vor diesem Hintergrund erlaubt der unterschiedliche Zuschnitt der im Rahmen der Zugangsregulierung von den Netzbetreibern zu leistenden Nutzenpakete keine besonderen Schlussfolgerungen für das europäische und deutsche Recht.

Im Hinblick auf den Gegenstand der Entflechtung bestehen große Ähnlichkeiten zum europäischen und deutschen Recht. Nach Ansicht der FERC müssen zur Vermeidung sachfremder Einflüsse auf den Netzbetrieb Vermarktungstätigkeiten vom Netzbetrieb entflochten werden. Insoweit formuliert die FERC deutlicher als die Elektrizitätsrichtlinie (EU) 2019/944 und das deutsche Recht. Diese suggerieren mit dem unglücklichen Begriff *Erzeugung*, der als „Produktion von Elektrizität" definiert ist, Netzbetreiber hätten technische Vorgänge vom Netzbetrieb zu entflechten. Dass der Begriff *Erzeugung* nur Vermarktungstätigkeiten erfassen kann, wird hier erst nach Auslegung deutlich.[406]

406 Siehe oben, Teil C § 12 III.

III. Netzintegrierte Speichernutzung

Nachdem der Netzbegriff des US-Bundesrechts erörtert wurde, folgt nun die Darstellung und Bewertung der juristischen Diskussion betreffend die netzintegrierte Speichernutzung.

Wie in Europa existierten auch in den USA Stromspeicher lange Zeit vornehmlich in Form von Pumpspeicherkraftwerken.[407] So verwundert es nicht, dass sich amerikanische Juristen mit einer netzintegrierten Speichernutzung schwertaten.[408] Ähnlich wie in Deutschland wurde teilweise argumentiert, Stromspeicher seien kategorisch als Kraftwerke einzuordnen und könnten daher nicht Bestandteil der technischen Netzinfrastruktur sein.[409] Dieser Einordnung wurde teilweise mit dem Argument widersprochen, Stromspeicher würden dem Elektrizitätsversorgungssystem in Summe keine zusätzliche Energie zuführen.[410] Für die Bundesebene erteilte der amerikanische Gesetzgeber mit dem EPA 2005 kategorischen Einordnungen indirekt eine Absage, indem er die FERC aufforderte, eine angemessene Nutzung von Stromspeichern im Netz als so genannte *advanced transmission technologies* zu fördern.[411] Dementsprechend betont die FERC, die Stromspeicherung lasse sich nicht per se in die Kategorien *sale*, *generation*, *transmission* oder *distribution* einordnen, und entscheidet auf Basis des Einzelfalls.[412] Die Entscheidungspraxis der FERC soll im Folgenden betrachtet werden.

1. Prattsville Pumped Storage

Im Jahr 1983 hatte die FERC im Kontext der Entgeltregulierung der Elektrizitätsversorgung über die Genehmigung einer Pumpspeicheranlage zu entscheiden, die ein Elektrizitätsversorgungsmonopolist errichten woll-

---

407 *Stein*, Florida State University Law Review 2014, S. 697 [700].

408 Zum Überblick: *Stein*, Florida State University Law Review 2014, S. 697 [718 ff.] m. w. N.

409 Vgl. PUCT, Docket No. 35994 (Presidio Battery Order).

410 Vgl. PUCT, Project No. 39917, Order Adopting Amendments to § 25.192 AND § 25.501 as Approved at the March 7, 2012 Open Meeting, S. 5 f; 25 FERC ¶ 61,084 S. 2.

411 42 U.S.C. § 16422.

412 130 FERC ¶ 61,056 (Western Grid) Rn. 44; näher: *Schmitt/Sanford*, Energy Law Journal 2018, S. 448 (476); 135 FERC ¶ 61,240 Rn. 25; 139 FERC ¶ 61,245 Rn. 67 ff.; 158 FERC ¶ 61,051 (Storage Policy Statement) Rn. 2.

te, um die Effizienz seines Kraftwerks zu steigern.[413] Der Pumpspeicher sollte elektrische Wirkenergie in Schwachlastzeiten einspeichern und in Starklastzeiten wieder ausspeichern. Die Möglichkeit der zeitlichen Verschiebung von Wirkenergie von Schwach- zu Starklastzeiten sollte Kraftwerkskapazität einsparen und dadurch die Produktionseffizienz bei der Elektrizitätsversorgung erhöhen.[414] Vor diesem Hintergrund betrachtete die FERC die Ein- und Ausspeicherung als funktionale Einheit und stellte fest, das Pumpspeicherkraftwerk sei nicht mit einem Kraftwerk gleichzusetzen, weil es keine zusätzliche Energie produziere.[415] Der Nutzen des Pumpspeichers bestehe darin, die Effizienz eines existierenden Kraftwerks zu steigern.[416]

2. Luz Development

In einem Fall aus dem Jahr 1990 hatte die FERC über den Antrag eines Unternehmens auf Einordnung eines Batteriespeichers als besondere qualifizierte Erzeugungsanlage („qualifying small power production facility") zu entscheiden, womit bestimmte rechtliche Vorteile verbunden waren.[417] Das Unternehmen wollte in Schwachlastzeiten Wirkenergie kaufen und einspeichern und diese zu Starklastzeiten wieder verkaufen und ausspeichern.[418] Da das antragstellende Unternehmen nur den Nutzen der Ausspeicherung an Nachfrager vermarkten wollte, hätte der Speicher aus Sicht der Nachfrager den Nutzen *Einspeisung von Wirkenergie* erbracht. Dementsprechend ordnete die FERC den Batteriespeicher als Kraftwerk ein, lehnte den Antrag des Unternehmens jedoch aus anderen Gründen ab.[419]

---

413 25 FERC ¶ 61,084 (Prattsville Pumped Storage).
414 25 FERC ¶ 61,084 (Prattsville Pumped Storage), S. 1.
415 25 FERC ¶ 61,084 S. 2: "We should emphasize that a pumped storage project is not a source of new energy."
416 25 FERC ¶ 61,084 S. 2: "It is a supply management system which enhancaes the value of existing energy resources."
417 51 FERC ¶ 61,078 (Luz Development).
418 51 FERC ¶ 61,078 (Luz Development), S. 5 f.
419 51 FERC ¶ 61,078 (Luz Development), S. 6 ff.

3. Nevada Hydro

Im Jahr 2006 befasste sich die FERC im Kontext der Entgeltregulierung des Netzbetriebs mit dem Antrag des Netzeigentümers Nevada Hydro auf Anerkennung eines Pumpspeichers als Netzbetriebsmittel.[420] Der Pumpspeicher sollte in Kalifornien errichtet werden, wo der Netzbetrieb von der Elektrizitätsversorgung nach dem Modell des Independent System Operator entflochten ist.[421] Nach diesem Modell ist es den ehemaligen Gebietsmonopolisten gestattet, Eigentümer der Netzinfrastruktur zu bleiben. Als Netzeigentümer sind sie für die Investitionen in die technische Infrastruktur verantwortlich. Der Netzbetrieb und die Erbringung der von Order 888 vorgesehenen *transmission services* erfolgen demgegenüber durch eine unabhängige Non-Profit-Organisation, den California Independent System Operator (CAISO).

Der von Nevada Hydro geplante Pumpspeicher sollte CAISO bei der Erbringung der *transmission services* dienen.[422] Der Speicher sollte unter anderem zu Starklastzeiten in der Nähe der Verbrauchszentren Wirkenergie einspeisen und damit funktional die Kapazität bestimmter Leitungsabschnitte erhöhen.[423] Die operative Kontrolle über die Ein- und Ausspeichervorgänge sollte beim Netzbetreiber CAISO liegen.[424] Nach den Plänen von Nevada Hydro sollte CAISO den Speicher jeweils nach Maßgabe netztechnischer Bedürfnisse laden und entladen. Dabei sollte die durch den Speicher eingespeicherte und ausgespeicherte Wirkenergie jeweils von CAISO am regulären Elektrizitätsmarkt gekauft beziehungsweise verkauft werden.[425] Zudem sollte CAISO in Zeiten, in denen der Speicher nicht für netztechnische Bedürfnisse benötigt wird, Arbitragegeschäfte am Markt tätigen, deren Erlöse den Netznutzern in Form reduzierter Entgelte zugu-

---

420 117 FERC ¶ 61,204 (Nevada Hydro); 122 FERC ¶ 61,272 (Nevada Hydro II).

421 The Electric Utility Industry Restructuring Act (Assembly Bill 1890) vom 23.09.1996.

422 117 FERC ¶ 61,204 (Nevada Hydro) Rn. 3; Supplemental Response of Nevada Hydro Company, Inc., 11th September 2006, Docket-No. ER06-278-004, Exhibit No. TNHC-14, S. 16.

423 117 FERC ¶ 61,204 (Nevada Hydro) Rn. 3.

424 117 FERC ¶ 61,204 (Nevada Hydro) Rn. 4.

425 117 FERC ¶ 61,204 (Nevada Hydro) Rn. 17; Supplemental Response of Nevada Hydro Company, Inc., 11th September 2006, Docket-No. ER06-278-004, Exhibit No. TNHC-14, S. 17 ff.

tekommen sollten.[426] Der Speicher sollte also vorrangig der Ausbringung der *transmission services* dienen, in diesem Rahmen jedoch als Anbieter und Nachfrager am Elektrizitätsmarkt agieren. Insbesondere CAISO selbst äußerte Bedenken, dass die von CAISO veranlasste Einspeicherung und Ausspeicherung bei CAISO ein Marktinteresse begründen und damit seine Stellung als unabhängiger Netzbetreiber gefährden würde.[427]

Die FERC stellte fest, dass der Pumpspeicher grundsätzlich als *advanced transmission technology* im Sinne des EPA 2005 ein Netzbetriebsmittel sein könne.[428] Im konkreten Fall schloss sie sich jedoch den Bedenken von CAISO in Bezug auf dessen Unabhängigkeit an.[429] Zudem monierte die FERC, dass der Nutzen des Pumpspeichers im Zusammenhang mit den *transmission services* nicht hinreichend von seinen geplanten Aktivitäten auf dem Elektrizitätsmarkt abgegrenzt werden könne. Auch aus diesem Grund sei es nicht sachgerecht, den Speicher als Netzbetriebsmittel einzuordnen und ihn über Netzentgelte zu finanzieren.[430] Damit folgte die FERC ihrer in den Fällen Prattsville Pumped Storage und Luz Development entwickelten Linie der funktionalen Betrachtung der Speichernutzung und machte deutlich, dass grundsätzlich auch eine netzintegrierte Speichernutzung möglich sei. Sie zeigte einer Mehrfachnutzung von Speichern sowohl zur Ausbringung von *transmission services* als auch des Nutzens *Einspeisung von Wirkenergie* jedoch Grenzen auf.

4. Western Grid

Im Jahr 2010 erkannte die FERC erstmals einen Batteriespeicher als Netzbetriebsmittel an.[431] Auch dieser Fall spielte in Kalifornien, so dass er im Kontext des dortigen Entflechtungsregimes zu entscheiden war. Das antragstellende Energieversorgungsunternehmen Western Grid war Eigentümer von Übertragungsnetzinfrastruktur. Um an einer bestimmten Stelle im Leitungssystem regelmäßig auftretende Überlastungen zu mindern, beabsichtigte Western Grid einen Batteriespeicher zu installieren. Dieser soll-

---

426 117 FERC ¶ 61,204 (Nevada Hydro) Rn. 19; Supplemental Response of Nevada Hydro Company, Inc., 11th September 2006, Docket-No. ER06-278-004, Exhibit No. TNHC-14, S. 17 ff.

427 122 FERC ¶ 61,272 (Nevada Hydro II) Rn. 61 f.

428 117 FERC ¶ 61,204 (Nevada Hydro) Rn. 27.

429 122 FERC ¶ 61,272 (Nevada Hydro II) Rn. 82.

430 122 FERC ¶ 61,272 (Nevada Hydro II) Rn. 83.

431 130 FERC ¶ 61,056 (Western Grid).

te in Starklastzeiten hinter dem Engpass zusätzliche Wirkenergie einspeisen und auf diese Weise funktional die Leitungskapazität der zuführenden Leitung erhöhen.[432] Zudem sollte der Speicher an der betroffenen Stelle durch Einspeisung von Blindleistung zur Spannungshaltung beitragen.[433] Die operative Kontrolle über den Speicher sollte anders als im Fall Nevada Hydro nicht auf CAISO übertragen werden, sondern bei Western Grid verbleiben.[434] Western Grid sollte den Speicher in eigener Verantwortung laden und auf Abruf durch CAISO nach Maßgabe netztechnischer Bedürfnisse entladen.[435] Die vom Speicher nach Maßgabe der Netzbedürfnisse eingespeiste Energie sollte jeweils durch Western Grid am regulären Elektrizitätsmarkt gekauft beziehungsweise verkauft werden.[436] Markterlöse aus den Ein- und Ausspeichervorgängen sollten von Western Grid an CAISO weitergegeben werden und den Netznutzern in Gestalt reduzierter Entgelte zugutekommen.[437] Reine Arbitragegeschäfte sollten anders als im Fall Nevada Hydro nicht getätigt werden.[438] Wieder äußerte CAISO selbst Bedenken gegen die Einordnung des Speichers als Netzbetriebsmittel. Diese begründete CAISO insbesondere damit, dass der Speicher während der Ein- und Ausspeichervorgänge funktional als Nachfrager beziehungsweise Anbieter am Markt agiere und damit Einfluss auf die Marktpreise habe.[439]

Anders als im Fall Nevada Hydro teilte die FERC in diesem Fall die Bedenken von CAISO nicht und ordnete den Batteriespeicher in der von Western Grid beschriebenen Nutzungsweise als Netzbetriebsmittel ein.[440] Zur Begründung stellte sie darauf ab, dass die Entscheidung über den Zeitpunkt der Einspeicherung durch Western Grid und die Entscheidung über den Zeitpunkt der Ausspeicherung durch CAISO und allein nach Netzgesichtspunkten getroffen werden sollte.[441] Daher habe CAISO kein Interesse an marktoptimalem Verhalten, das seine Stellung als neutraler Netzbetreiber beeinträchtigen könnte.[442] Zudem sei der vom Speicher erbrachte Nutzen eindeutiger als im Fall Nevada Hydro den *transmission*

432 130 FERC ¶ 61,056 (Western Grid) Rn. 3, 18.
433 130 FERC ¶ 61,056 (Western Grid) Rn. 3, 18.
434 130 FERC ¶ 61,056 (Western Grid) Rn. 5, 21.
435 130 FERC ¶ 61,056 (Western Grid) Rn. 3, 18 f., 46.
436 130 FERC ¶ 61,056 (Western Grid) Rn. 19.
437 130 FERC ¶ 61,056 (Western Grid) Rn. 19, 46.
438 130 FERC ¶ 61,056 (Western Grid) Rn. 3, 18, 46, 48 ff.
439 130 FERC ¶ 61,056 (Western Grid) Rn. 26 f.
440 130 FERC ¶ 61,056 (Western Grid) Rn. 43 ff.
441 130 FERC ¶ 61,056 (Western Grid) Rn. 43 ff.
442 130 FERC ¶ 61,056 (Western Grid) Rn. 48 ff.

services zuordenbar, insbesondere weil keine reinen Arbitragegeschäfte getätigt werden sollten.[443] Dass die im Zeitpunkt der netzdienlichen Ausspeicherung in das Leitungssystem eingespeiste Elektrizität am regulären Elektrizitätsmarkt verkauft werden sollte, stand dieser Einschätzung aus Sicht der FERC nicht entgegen. Der FERC kam es nicht darauf an, dass die Ein- und Ausspeichervorgänge des Speichers keinerlei Nachfrage beziehungsweise Angebot am Elektrizitätsmarkt begründen. Zentral war, dass die Entscheidung von CAISO zur Ausspeicherung nicht von einer Arbitrage zwischen dem Preis der Einspeicherung und den Erlösen der Ausspeicherung beeinflusst werde. Hierin liegt der entscheidende Unterschied zum Fall Nevada Hydro, in dem die FERC die Einordnung eines Speichers als Netzbetriebsmittel wegen Bedenken betreffend die Unabhängigkeit von CAISO ablehnte.

5. FERC Storage Policy Statement

Der funktionale Ansatz der FERC bei der Einordnung von Stromspeichern traf in der juristischen Literatur überwiegend auf Zustimmung.[444] Vielfach wurde jedoch kritisiert, dass die Entscheidungspraxis der FERC wenig Rechtssicherheit biete und es Speichern nicht erlaube, durch Mehrfachnutzung sowohl zur Ausbringung von *transmission services* als auch auf Elektrizitätsmärkten ihre vollen Effizienzpotenziale zu heben.[445] Nicht zuletzt als Reaktion auf diese Kritik stellte die FERC im Jahr 2017 in ihrem Storage Policy Statement allgemeine Grundsätze zur kombinierten netzintegrierten Speichernutzung und Teilnahme an Elektrizitätsmärkten auf.[446]

Nach Ansicht der FERC bestehe im Falle einer derartigen Mehrfachnutzung von Speichern die Gefahr einer Überkompensation zulasten der Netznutzer und des Preisdumpings auf den Elektrizitätsmärkten.[447] Zu-

443 130 FERC ¶ 61,056 (Western Grid) Rn. 46.

444 *Schmitt/Sanford*, Energy Law Journal 2018, S. 448 [476 f.]; *Meyer*, Columbia Journal of Environmental Law 2014, S. 479 [549 f.]; kritisch: *Crossley*, Renewable Energy Law and Policy Review 2013, 268 [274], die dafür plädiert, ein eigenständiges Produkt *Speicherung* zu definieren und zu regeln.

445 *Schmitt/Sanford*, Energy Law Journal 2018, S. 448 [476 f.]; *Bhatnagar* (u.a.), Market and Policy Barriers to Energy Storage Deployment, S. 21 ff.; vgl. auch *CPUC*, D13-10-040 (Energy Storage Procurement Framework and Design Program), 4.4.2.

446 158 FERC ¶ 61,051 (Storage Policy Statement).

447 158 FERC ¶ 61,051 (Storage Policy Statement) Rn. 13, 15 ff., 20 ff.

dem könne eine solche Mehrfachnutzung die Unabhängigkeit des jeweiligen Netzbetreibers gefährden.[448] Das Problem der Überkompensation könne nach Ansicht der FERC durch eine Anrechnung der Markterlöse auf die Netzentgelte gelöst werden.[449] Es sei daher für eine Anerkennung eines Speichers als Netzbetriebsmittel nicht zwingend erforderlich, dass mit einem netzintegrierten Speicher wie im Fall Western Grid keinerlei Arbitragegeschäfte am Elektrizitätsmarkt getätigt werden. Aus Sicht der FERC kämen je nachdem, ob ein Speicher vollständig oder teilweise durch Netzentgelte finanziert wird, Modelle der Voll- oder Teilanrechnung von Markterlösen in Betracht.[450] Um Anreize zur Erzielung von Markterlösen zu setzen, könne nach Ansicht der FERC eine teilweise Finanzierung von netzintegrierten Speichern durch Netzentgelte erwogen werden, so dass der speicherbetreibende Netzeigentümer zur Erzielung von Markterlösen in gewisser Höhe gezwungen ist, um den Speicher vollständig zu finanzieren. In diesem Fall sollten die Markterlöse nach Ansicht der FERC nur teilweise auf die Netzentgelte angerechnet werden.[451] Auch der Gefahr der Quersubventionierung einer Teilnahme von Speichern an Elektrizitätsmärkten aus regulierten Netzentgelten könne nach Ansicht der FERC begegnet werden, indem die am Markt erzielten Erlöse auf die Netzentgelte angerechnet werden.[452]

Um bei einer Mehrfachnutzung von Speichern die Unabhängigkeit der Netzbetreiber sicherzustellen, müsse den Netzbedürfnissen Vorrang eingeräumt werden.[453] Zudem dürfe die operative Kontrolle über den Speicher nicht beim Netzbetreiber liegen.[454] Im vorherrschenden US-Entflechtungsmodell des Independent System Operators, in dem der Netzbetrieb vom Netzeigentum getrennt ist, lässt sich dies bewerkstelligen, indem der operative Betrieb des Speichers beim Netzeigentümer verbleibt, während der Netzbetreiber die Parameter der netzdienlichen Speichernutzung und den Zeitpunkt der Ausspeicherung bestimmt.[455] Im vorherrschenden europäischen Modell der eigentumsrechtlichen Entflechtung, in dem das Netzei-

---

448 158 FERC ¶ 61,051 (Storage Policy Statement) Rn. 13, 24 ff.

449 158 FERC ¶ 61,051 (Storage Policy Statement) Rn. 16 ff.

450 158 FERC ¶ 61,051 (Storage Policy Statement) Rn. 17.

451 158 FERC ¶ 61,051 (Storage Policy Statement) Rn. 18.

452 158 FERC ¶ 61,051 (Storage Policy Statement) Rn. 23; vgl. aber die abweichende Ansicht von Commissioner La Fleur in ¶ 61,051 (Storage Policy Statement) a.E.

453 158 FERC ¶ 61,051 (Storage Policy Statement) Rn. 25 f.

454 158 FERC ¶ 61,051 (Storage Policy Statement) Rn. 25 f.

455 158 FERC ¶ 61,051 (Storage Policy Statement) Rn. 27.

gentum und der Netzbetrieb zusammenfallen, lässt sich diese Anforderung demgegenüber nur erfüllen, indem dem Netzbetreiber und -eigentümer keinerlei Teilnahme mit dem Speicher an Energiemärkten gestattet wird. Dies entspricht dem unter Teil C § 12 III gefundenen Ergebnis, wonach der europäische Netzbegriff eine Vermarktung von Elektrizität ausschließt.

6. Ergebnis

Es zeigt sich, dass die FERC bei der Einordnung von Speichersystemen einen funktionalen und pragmatischen Ansatz verfolgt. Wird ein Speicher wie im Fall Prattsville Pumped Storage dazu genutzt, Wirkenergie für die Zukunft „aufzubewahren", ordnet die FERC ihn als Speicher ein. Wird wie im Fall Luz Development lediglich der Nutzen der Ausspeicherung vermarktet, handelt es sich aus Sicht der FERC insoweit um ein Kraftwerk. Wird ein Speicher zur Ausbringung von *transmission services* eingesetzt, handelt es sich um ein Netzbetriebsmittel. Eine Mehrfachnutzung von Speichern sowohl als Netzbetriebsmittel als auch zum Zwecke der Teilnahme an Elektrizitätsmärkten ist nach Ansicht der FERC zulässig, soweit die Erlöse aus der Teilnahme am Energiemarkt auf die Netzentgelte angerechnet werden und durch Trennung von netzintegriertem Speicherbetrieb und Vermarktungstätigkeit sichergestellt wird, dass der Netzbetreiber nicht von kommerziellen Interessen in Bezug auf die Speichernutzung beeinflusst wird. Überträgt man diese Grundsätze auf das in der Elektrizitätsrichtlinie (EU) 2019/944 vorgesehene Modell der eigentumsrechtlichen Entflechtung, kommt man zu dem Ergebnis, das Netzbetreiber keine Elektrizität aus netzintegrierten Speichern vermarkten dürfen.

§ 14 Regelungen in US-Bundesstaaten

Wie in Teil D § 13 I dargestellt, beschränkt sich die Zuständigkeit der FERC auf Großhandelstransaktionen und die Übertragung von Elektrizität mit grenzüberschreitendem Bezug zwischen US-Bundesstaaten. Die Verteilung von Elektrizität innerhalb von US-Bundesstaaten unterfällt demgegenüber der Zuständigkeit des jeweiligen Bundesstaats.[456] Insoweit können die Bundesstaaten weitgehend eigene Regelungen zur netzinte-

456 16 U.S.C. § 824(a), (b); näher: *Tomain/Cudahy*, Energy Law, S. 388.

grierten Speichernutzung treffen.[457] Die Regelungsregime sind dabei sehr unterschiedlich. In einigen Bundesstaaten ist die Endkundenversorgung monopolistisch strukturiert, so dass der Stromtransport und das Netz auf funktionaler und rechtlicher Ebene nicht selbstständig in Erscheinung treten. Die netzintegrierte Speichernutzung ist hier keine Frage der rechtlichen Kategorisierung, sondern eine Frage der technischen Ebene und der Produktionseffizienz bei der Elektrizitätsversorgung von Endkunden. Demgegenüber herrscht in anderen amerikanischen Bundesstaaten eine weitgehende Liberalisierung der Endkundenversorgung.[458] Die Regulierungsbehörden in diesen Bundesstaaten sind ebenso wie die FERC mit der Frage konfrontiert, unter welchen Voraussetzungen eine netzintegrierte Speichernutzung zulässig ist. In diesem Zusammenhang sind besonders interessante Entwicklungen in Kalifornien und Texas zu beobachten, die im Folgenden erläutert werden.

I. Kalifornien

Kalifornien erließ seit dem Jahr 2010 sehr weitgehende Regelungen zur Integration von Stromspeichern in alle Wertschöpfungsstufen der Elektrizitätsversorgung. Im Jahr 2010 verpflichtete der kalifornische Gesetzgeber die kalifornische Regulierungsbehörde California Public Utilities Commission (CPUC) mit der Prüfung von Ausbauzielen für Stromspeicher für kalifornische Elektrizitätsversorgungsunternehmen.[459] Nach Ansicht des kalifornischen Gesetzgebers kommt eine Nutzung von Speichern neben Anwendungen im Zusammenhang mit erneuerbaren Energien insbesondere zur Reduzierung von Transportverlusten, zur Hinauszögerung des Baus zusätzlicher Leitungsinfrastruktur und für Zwecke der Systemdienstleistungen in Betracht.[460] Der kalifornische Gesetzgeber hat also entschieden, dass die Nutzung von Speichern bei der Ausbringung der Essential-Facility-Nutzen zulässig und – soweit kosteneffizient – förderungswürdig ist. Zugleich hat er eine klare Entscheidung für eine funktionale Einordnung der Speichernutzung getroffen.

Auf Grundlage des gesetzlichen Auftrags gab die CPUC im Jahr 2013 kalifornischen Elektrizitätsversorgungsunternehmen den Aufbau von Spei-

457 *Hunt*, Making Competition Work in Electricity, S. 270 ff., 299 ff.

458 *Hunt*, Making Competition Work in Electricity, S. 270 ff., 299 ff.

459 Sec. 2836 Public Utilities Act (California).

460 Sec. 2837 Public Utilities Act (California).

chersystemen – mit Ausnahme großer Pumpspeicher – mit einer Kapazität von insgesamt 1.325 Megawatt bis zum Jahr 2024 vor und erweiterte diese Vorgabe im Jahr 2016 um weitere 500 Megawatt.[461] Die Vorgabe betraf Elektrizitätsversorgungsunternehmen unterschiedlicher Wertschöpfungsstufen und damit auch diejenigen, die nach dem Entflechtungsmodell des Independent System Operator als ehemalige Gebietsmonopolisten sowohl Eigentümer eines Stromnetzes waren als auch Endkunden versorgten.[462] Die Vorgaben zum Aufbau von Stromspeichern beruhten nicht auf einer konkreten Bedarfsanalyse der CPUC, sondern sollten als pragmatischer allgemeiner Anschub des Speicheraufbaus auf allen Wertschöpfungsstufen der Elektrizitätsversorgung dienen.[463] Daher schrieb die CPUC Elektrizitätsversorgungsunternehmen nicht vor, welchem konkreten Nutzen die aufgebauten Stromspeicher dienen sollen, sondern beließ es bei der Vorgabe, Speicherkapazitäten in bestimmten Größenordnungen jeweils auf Ebene des Übertragungsnetzes, des Verteilernetzes und verbrauchsseitig zu installieren.[464] Elektrizitätsversorgungsunternehmen, die sowohl Eigentümer von Netzinfrastruktur sind als auch Endkunden mit Elektrizität versorgen, blieb es also selbst überlassen, für welche Zwecke sie die durch sie aufzubauenden Stromspeicher nutzen.

Wollen Elektrizitätsversorgungsunternehmen, die Eigentümer eines Stromnetzes sind, netzintegrierte Speicher aufbauen, müssen diese vom unabhängigen kalifornischen Netzbetreiber CAISO bestätigt werden, um durch Netzentgelte finanziert werden zu können. Daher ist der Standpunkt von CAISO zu den Voraussetzungen der netzintegrierten Speichernutzung von erheblicher Bedeutung. Im Jahr 2018 stellte CAISO allgemeine Grundsätze zu seiner Beurteilung der netzintegrierten Speichernutzung auf.[465] Dabei bekräftigte CAISO die bereits in seinen Stellungnahmen zu

461 *CPUC*, D13-10-040 (Energy Storage Procurement Framework and Design Program); *CPUC*, D17-04-039 (Decision on Track 2 Energy Storage Issues).

462 Nach dem kalifornischen Entflechtungsmodell des Independent System Operator dürfen die ehemaligen Gebietsmonopolisten sowohl Eigentümer der Stromnetze bleiben als auch Endkunden versorgen, weil der Betrieb der Netzinfrastruktur und die Erbringung der Essential-Facility-Nutzen dem unabhängigen Netzbetreiber CAISO obliegt, vgl. The Electric Utility Industry Restructuring Act (Assembly Bill 1890) vom 23.9.1996.

463 *CPUC*, D13-10-040 (Energy Storage Procurement Framework and Design Program), S. 22 f., 73 Nr. 4.

464 *CPUC*, D13-10-040 (Energy Storage Procurement Framework and Design Program), S. 15, 73 Nr 3.

465 *CAISO*, Storage as a Transmission Asset, Second Revised Straw Proposal vom 16.10.2018.

den Fällen Nevad Hydro und Western Grid zum Ausdruck kommende restriktive Haltung. Nach Ansicht von CAISO sollen Stromspeicher vorrangig durch Nicht-Netzeigentümer aufgebaut werden und der jeweilige Netzbetreiber solle Speicherdienstleistungen bei diesen fremdbeziehen.[466] Ein Aufbau eigener Speicher durch Netzeigentümer und ihre Finanzierung durch Netzentgelte bedürfe einer besonderen Rechtfertigung.[467] Diese sei etwa gegeben, wenn die konkrete Anwendung einen unmittelbaren Einblick in die Betriebszustände des Speichers erfordert oder wenn der benötigte Speichernutzen am Markt nicht verfügbar ist, zum Beispiel weil der Speicher sich an einem bestimmten Ort im Leitungssystem befinden müsse.[468] Auch insoweit lässt sich eine Parallele zu den Regelungen in der Elektrizitätsrichtlinie (EU) 2019/944 ziehen, die eine Speichernutzung als vollständig integrierte Netzkomponenten unter bestimmten Voraussetzungen erlaubt.[469] In Hinblick auf eine Mehrfachnutzung von Speichern sowohl als Netzbetriebsmittel als auch zur Teilnahme an Elektrizitätsmärkten folgt CAISO weitgehend der Linie der FERC, wonach bei Speichern, die über Netzentgelte finanziert werden, eine vollständige oder teilweise Anrechnung der Markterlöse angemessen sein soll.[470]

II. Texas

Der texanische Gesetzgeber behandelt Stromspeicher wie Erzeugungsanlagen, wenn die von ihnen ausgespeicherte Elektrizität auf Elektrizitätsmärkten verkauft wird.[471] Eine netzintegrierte Speichernutzung ist im texanischen Gesetz weder ausdrücklich erlaubt noch ausdrücklich verboten. In diesem Kontext hatte die texanische Regulierungsbehörde Public Utility Commission of Texas (PUCT) im Jahr 2009 über den Antrag eines Elektrizitätsversorgungsunternehmens über die Anerkennung eines Batte-

---

466 *CAISO*, Storage as a Transmission Asset, Second Revised Straw Proposal vom 16.10.2018, S. 10 f.

467 *CAISO*, Storage as a Transmission Asset, Second Revised Straw Proposal vom 16.10.2018, S. 10 f.

468 *CAISO*, Storage as a Transmission Asset, Second Revised Straw Proposal vom 16.10.2018, S. 11.

469 Siehe oben, Teil C § 11 I 3.

470 *CAISO*, Storage as a Transmission Asset, Second Revised Straw Proposal vom 16.10.2018, S. 17, 21 f.

471 Sec. 35.152(a) PURA (Texas).

riespeichers als Netzbetriebsmittel zu entscheiden.[472] Der Speicher sollte in einem entlegenen Teil des texanischen Leitungssystems in der Stadt Presidio an der mexikanischen Grenze im Falle eines Ausfalls der einzigen zuführenden Leitung elektrische Wirkenergie zur Deckung der lokalen Entnahmen einspeisen.[473] Zudem sollte die Batterie durch Einspeisung von Blindenergie zur Spannungshaltung beitragen.[474] Die Elektrizität, die bei der Ein- und Ausspeicherung aus dem Leitungssystem entnommen beziehungsweise in das Leitungssystem eingespeist würde, sollte ohne Messung und Bilanzierung entnommen werden.[475] Dies bedeutet, dass die Elektrizität auf funktionaler Ebene nicht in Erscheinung treten und insbesondere nicht am Elektrizitätsmarkt ge- oder verkauft werden sollte.[476] Nach Ansicht der PUCT war der Speicher in dieser konkreten Anwendung als Netzbetriebsmittel einzuordnen, da er ausschließlich Nutzen für das Netz erbringe und am Elektrizitätsmarkt nicht in Erscheinung treten würde.[477] Diese Einschätzung zeigt deutliche Parallelen zur Reichweite des Entflechtungsregimes der Elektrizitätsrichtlinie (EU) 2019/944, wonach Elektrizität, die aus einem Speicher ausgespeichert und nicht im Bilanzkreissystem als Wirkenergie verbucht wird, keine entflechtungspflichtige Erzeugung ist.[478]

Im Jahr 2018 beantragte das Elektrizitätsversorgungsunternehmen AEP Texas ebenfalls die Anerkennung zweier Batteriespeicher als Netzbetriebsmittel.[479] Die geplante Gestaltung orientierte sich stark am Batteriespeicher in Presidio. Auch der von AEP geplante Speicher sollte im Falle von Netzengpässen durch Einspeisung von Wirkenergie hinter dem Engpass funktional die Kapazität des betroffenen Leitungsteils erhöhen.[480] Die von den Speichern entnommene und eingespeiste Energie sollte jeweils – wie in Presidio – unbilanziert bleiben und nicht auf wettbewerblichen Märkten in Erscheinung treten.[481] In diesem Fall lehnte die PUCT eine Entscheidung ab. Zur Begründung führte sie unter anderem an, die in Presidio gewählte Einzelfalllösung, wonach die vom Speicher ein- und

472 PUCT, Docket No. 35994 (Presidio Battery Order).
473 PUCT, Docket No. 35994 (Presidio Battery Order), S. 2.
474 PUCT, Docket No. 35994 (Presidio Battery Order), S. 2.
475 PUCT, Docket No. 35994 (Presidio Battery Order), S. 10 Rn. 48 f.
476 PUCT, Docket No. 35994 (Presidio Battery Order), S. 10 Rn. 48.
477 PUCT, Docket No. 35994 (Presidio Battery Order), S. 11 Rn. 51, 55.
478 Siehe oben, Teil C § 12 III 1.
479 PUCT, Docket No. 46368 (AEP Texas Inc.).
480 PUCT, Docket No. 46368 (AEP Texas Inc.), S. 2 f.
481 PUCT, Docket No. 46368 (AEP Texas Inc.), S. 3.

ausgespeicherte Elektrizität nicht bilanziert werde, ließe sich nicht als allgemeines Prinzip praktizieren.[482] Dadurch würden beim zu erwartenden Zubau von netzintegrierten Stromspeichern immer größere unbilanzierte Energiemengen entstehen.[483] Dies führte die PUCT zu der Erkenntnis, dass der Rechtsrahmen für die netzintegrierte Speichernutzung noch nicht hinreichend entwickelt sei.[484]

Ausgehend von dieser Erkenntnis initiierte die PUCT ein Konsultationsverfahren zur Konkretisierung des Rechtsrahmens für die netzintegrierte Speichernutzung, das derzeit noch läuft.[485] Im Rahmen des Konsultationsverfahrens begrüßte ein Großteil der Marktteilnehmer die netzintegrierte Speichernutzung und hielt sie im Grundsatz nach dem aktuellen Rechtsrahmen für zulässig.[486] Aus Sicht einiger Marktteilnehmer stünden derzeit jedoch die fehlenden Regelungen zum Umgang mit der ein- und ausgespeicherten Elektrizität einer netzintegrierten Speichernutzung entgegen.[487] Als Alternative zum in Presidio praktizierten Modell der Nicht-Bilanzierung der ein- und ausgespeicherten Elektrizität wurde ein Saldierungsmodell vorgeschlagen.[488] Danach solle die vom Speicher ein- und ausgespeicherte Energie saldiert werden und der Saldo, der aufgrund der Speicherverluste stets negativ ist, solle rechtlich als Eigenverbrauch des Netzeigentümers eingeordnet werden.[489] Dieses Saldierungsmodell würde allerdings nicht das Problem lösen, das unbilanzierte Einspeisungen und Entnahmen in größerem Ausmaß zu Unregelmäßigkeiten im Netzbetrieb führen können. Es bleibt abzuwarten, wie sich das Konsultationsverfahren und der Rechtsrahmen für die netzintegrierte Speichernutzung in Texas fortentwickelt.

---

482 PUCT, Docket No. 46368 (AEP Texas Inc.), S. 1.

483 PUCT, Docket No. 46368 (AEP Texas Inc.), S. 3.

484 PUCT, Docket No. 46368 (AEP Texas Inc.), S. 3.

485 PUCT, Project No. 48023 (Rulemaking to Address the Use of Non-Traditional Technologies in Electric Delivery Service).

486 PUCT, Project No. 48023 (Rulemaking to Address the Use of Non-Traditional Technologies in Electric Delivery Service), S. 1 f.

487 PUCT, Project No. 48023 (Rulemaking to Address the Use of Non-Traditional Technologies in Electric Delivery Service), S. 2 f.

488 PUCT, Project No. 48023 (Rulemaking to Address the Use of Non-Traditional Technologies in Electric Delivery Service), S. 3.

489 PUCT, Project No. 48023 (Rulemaking to Address the Use of Non-Traditional Technologies in Electric Delivery Service), S. 3.

III. Ergebnis

Zusammenfassend lässt sich feststellen, dass die netzintegrierte Speichernutzung auch in den Bundesstaaten Kalifornien und Texas im Grundsatz zulässig ist. Die Entwicklung des Rechtsrahmens für die netzintegrierte Speichernutzung steht jedoch in beiden Bundesstaaten noch am Anfang und wird durch Einzelfallentscheidungen der Regulierungsbehörden geprägt. Es stellen sich zahlreiche Einzelfragen insbesondere zum Verhältnis der netzintegrierten Speichernutzung zur Teilnahme an Elektrizitätsmärkten. Während sich in Kalifornien ein Modell abzeichnet, das eine Teilnahme netzintegrierter Speicher unter Wahrung der Unabhängigkeit des Netzbetreibers CAISO erlaubt, scheint die Entwicklung in Texas auf ein Modell hinzusteuern, das eine Marktteilnahme netzintegrierter Stromspeicher am Elektrizitätsmarkt weitgehend ausschließt. Letzteres entspräche dem Entflechtungsmodell der Elektrizitätsrichtlinie (EU) 2019/944. Ungeachtet der ungeklärten Rechtsfragen entschied sich der kalifornische Gesetzgeber, kalifornische Elektrizitätsversorgungsunternehmen zum Aufbau erheblicher Speicherkapazität zu verpflichten. Es ist lohnend, die weitere Entwicklung in diesen Bundesstaaten zu verfolgen.

§ 15 Fazit

Die Betrachtung des Netzbegriffs und des Rechtsrahmens für die netzintegrierte Speichernutzung in den USA zeigt, dass trotz großer systematischer Unterschiede in den Rechtsordnungen die dortigen Regelungen denen der Elektrizitätsrichtlinie (EU) 2019/944 und ihrer Umsetzung im deutschen Recht erstaunlich ähnlich sind. Einen klar definierten Tatbestand des Netzes kennt das US-Recht ebenso wenig wie das europäische und deutsche Recht. Dies dürfte auf die ähnliche historische Entwicklung zurückzuführen sein, die beim Wechsel vom regulierten Elektrizitätsversorgungsmonopolisten zum regulierten Netzbetreiber nicht mehr als einen faktisch-rezeptiven Begriff erforderte. Auch auf Rechtsfolgenseite ähneln sich die Ergebnisse der Regulierungsregime. Dies ist nicht verwunderlich, da die Ratio hinter der Regulierung hier wie dort eine ökonomische ist. Aus dieser folgt, dass zur Herstellung potenziellen Wettbewerbs auf dem Elektrizitätsversorgungsmarkt ein Nutzenverschaffungsanspruch gegen die Netzbetreiber begründet werden muss. Direkte Vorgaben zur Gestaltung der technischen Netzebene sind jedoch allenfalls für Zwecke der Produktionseffizienz erforderlich. Demnach kann jedes Betriebsmittel ein Netzbetriebsmittel sein, sofern seine Nutzung kosteneffizient ist. Letztere Voraussetzung wird in vielen Fällen dazu führen, dass Speichernutzen von Netzbetreibern oder -eigentümern fremdbeschafft werden muss.

Auch in Hinblick auf das Verhältnis von netzintegrierter Speichernutzung und Marktteilnahme von Speichern sind die Unterschiede zwischen dem US-Recht und dem europäischen und deutschen Recht nicht so groß wie es auf den ersten Blick scheinen mag. Die europäischen und deutschen Regelungen verbieten die Vermarktung von Elektrizität durch Netzbetreiber und damit auch eine Marktteilnahme von netzintegrierten Speichern. In den USA wird eine Mehrfachnutzung von Speichern als Netzbetriebsmittel und zur Vermarktung von Elektrizität angedacht. Diese Erwägungen beruhen jedoch auf dem dort vorherrschenden Entflechtungsmodell des Independent System Operator, das Netzeigentum und -betrieb voneinander trennt, so dass die netzdienliche Speichernutzung und die Vermarktung von Elektrizität aus Speichern zwei unterschiedlichen Netzakteuren zugeordnet werden kann. In diesem Modell ist eine Marktteilnahme netzintegrierter Stromspeicher denkbar, wenn sie durch den Netzeigentümer und nicht den Netzbetreiber erfolgt.

Teil E. Gesamtfazit und Ausblick

Die vorliegende Arbeit zeigt, dass der Rechtsbegriff *Netz* in erster Linie ein funktionaler und kein technischer Begriff ist. Ein Netz im Sinne der Elektrizitätsrichtlinie (EU) 2019/944 ist Infrastruktur, die zur Ausbringung der Essential-Facility-Nutzen *konduktive Verbindungen, Ermittlung der Transportverluste, Systemausgleich, Spannungshaltung* oder *Engpassmanagement* verwendet wird. Es gibt also keine Betriebsmittel, die per se und unabhängig von ihrer Funktion Netzbetriebsmittel sind. Umgekehrt existiert kein numerus clausus der Netzbetriebsmittel. Speicher und sogar Kraftwerke können zum Netz gehören, soweit sie zur Ausbringung der Essential-Facility-Nutzen verwendet und unter Beachtung des Entflechtungsregimes genutzt werden.

Gleichwohl unterliegen Betreiber von Netzen sehr weitgehenden Freiheitsbeschränkungen durch die Elektrizitätsrichtlinie (EU) 2019/944 und ihre Umsetzung im deutschen Recht. Diese Freiheitsbeschränkungen betreffen überwiegend die funktionale Ebene des Netzes. Die Zugangsregulierung verpflichtet Netzbetreiber, potenziellen Wettbewerbern bestimmte Nutzen zu verschaffen. Die Entflechtung wiederum schränkt die Vermarktung bestimmter anderer Nutzen durch Netzbetreiber ein. Die von den Netzbetreibern zu leistenden Essential-Facility-Nutzen sind bedingt durch das Verbot des Koppelns und Bündelns abschließend festgelegt. Funktionale Erweiterungen des von ihnen zu leistenden Nutzenpakets sind den Netzbetreibern untersagt. Die Entwicklung neuer Nutzen und ihr Angebot am Markt müssen entbündelt von den Essential-Facility-Nutzen und unter Beachtung des Entflechtungsregimes erfolgen, das die Vermarktung der Nutzen *Einspeisung von Wirkenergie* und *Elektrizitätsversorgung* durch Netzbetreiber ausschließt.

Einschränkungen in Bezug auf die Gestaltung der technischen Netzebene folgen insbesondere aus der Entgeltregulierung. Diese führt mit den Vorgaben zum Fremdbezug bestimmter Produktionsfaktoren der Essential-Facility-Nutzen zu gewissen Einschränkungen in der Gestaltung der technischen Netzebene. Soweit die Ausbringung der Essential-Facility-Nutzen Regel-, Verlust- oder Blindenergie oder Einspeisungen und Entnahmen von Elektrizität für Zwecke des Engpassmanagements erfordert, sind diese in der Regel nicht von den Netzbetreibern selbst auszubringen. Daher dürfen sie im Grundsatz für diese Zwecke auch keine netzintegrierten

Stromspeicher oder Kraftwerke betreiben. Diese Vorgaben stehen jedoch unter der Prämisse, dass der Fremdbezug gegenüber einer Eigenfertigung durch Netzbetreiber kostengünstiger ist. Soweit diese Prämisse in Frage steht, etwa weil die für den Fremdbezug zur Verfügung stehenden Anbieter über Marktmacht verfügen, sind auch die Beschaffungsvorgaben zu hinterfragen. Es handelt sich also nicht um einen kategorischen Ausschluss von Speichern oder Kraftwerken aus dem Netz.

Einen interessanten Ausblick in die Zukunft liefert die in den USA laufende Diskussion zur Mehrfachnutzung von Stromspeichern sowohl als netzdienliches Betriebsmittel als auch zum Zwecke der Teilnahme am Elektrizitätsmarkt. Ausgangspunkt der Diskussion ist, dass eine Mehrfachnutzung von Speichern aus Effizienzgesichtspunkten grundsätzlich erwünscht ist, das Entflechtungsregime jedoch Markttätigkeiten von Netzbetreibern verbietet. Auch wenn die Diskussion im Kontext des in den USA verbreiteten Entflechtungsmodells des Independent System Operators steht und daher die dort vorgeschlagenen Lösungen zur Vereinbarung einer Mehrfachnutzung von Speichern mit dem Entflechtungsregime nicht auf die eigentumsrechtliche Entflechtung übertragen werden können, liefert sie wichtige Hinweise, welche Aspekte der Speichernutzung in Zukunft an Relevanz gewinnen könnten. Auch in Europa wird zu debattieren sein, wie Stromspeicher in ihrer vollen Funktionalität genutzt werden können und ob die Nutzung am effizientesten durch Netzbetreiber oder Nicht-Netzbetreiber erfolgen kann.

Literatur- und Quellenverzeichnis

Agora Energiewende: Stromspeicher in der Energiewende – Untersuchung zum Bedarf an neuen Stromspeichern in Deutschland für den Erzeugungsausgleich, Systemdienstleistungen und im Verteilnetz, Berlin 2014

Agora Energiewende: Toolbox für die Stromnetze – Für die künftige Integration von Erneuerbaren Energien und für das Engpassmanagement, Berlin 2018

Akhil, Abbas A.; Huff, Georgianne; Currier, Aileen B.; C. Kaun, Benjamin; Rastler, Dan M.; Chen, Stella Bingqing; Cotter, Andrew L.; Bradshaw, Dale T.; Gauntlett, William D.: DOE/EPRI Electricity Storage Handbook in Collaboration with NRECA, Albuquerque und Livermore 2015

Bachmann, Peter; Erling, Uwe: Pumpspeicherkraftwerke im Energiemix der Zukunft – eine rechtliche Einordnung, in: ET 2012, S. 97-101

Baumol, William J.: Contestable Markets: An Uprising in the Theory of Industry Structure, in: The American Economic Review 1982, S. 1-15

Baur, Jürgen (Hrsg.); Salje, Peter (Hrsg.); Schmidt-Preuß (Hrsg.): Regulierung in der Energiewirtschaft, 2. Auflage, Köln 2016; zitiert als: *Bearbeiter*, in: Baur/Salje/Schmidt-Preuß

Bhatnagar, Dhruv; Currier, Aileen; Hernandez; Jacquelynne; Ma, Ookie; Kirby, Brendan: Market and Policy Barriers to Energy Storage Deployment – A Study for the Energy Storage Systems Program, Albuquerque und Livermore 2013

Blankart, Charles; Knieps, Günther: Regulierung von Netzen?, in: ifo Studien 1996, S. 483-504

Boesche, Katharina Vera; Wolf, Maik: Viel Lärm um kleine Netze: § 110 EnWG und die Behandlung von Objekt- und Arealnetzen nach den §§ 17, 20 EnWG und §§ 19, 20 GWB, in: ZNER 2005, S. 285-301

Böhm, Franz: Demokratie und ökonomische Macht, in: Kartelle und Monopole im modernen Recht, Band I, Frankfurt am Main 1960, S. 1-24

Boll, Georg: Entstehung und Entwicklung des Verbundbetriebs in der deutschen Elektrizitätswirtschaft bis zum europäischen Verbund, Frankfurt am Main 1969

Säcker, Franz Jürgen (Hrsg.); Meier-Beck, Peter (Hrsg.): Münchener Kommentar zum Wettbewerbsrecht, Band 1: Europäisches Wettbewerbsrecht, 3. Auflage, München 2020; zitiert als: *Bearbeiter*, in: MüKo WettbR

Bradley, Robert L.: The Origins and Development of Electric Power Regulation, in: Grossmann, Peter Z. (Hrsg.), Cole, Daniel H. (Hrsg.), The End of a Natural Monopoly – Deregulation and Competition in the Electric Power Industry, London 2003, S. 43-76; zitiert als: *Bradley*, in: Grossmann/Cole

Britz, Gabriele (Hrsg.); Hellermann, Johannes (Hrsg.); Hermes, Georg (Hrsg.): Energiewirtschaftsgesetz – EnWG, 3. Auflage, München 2015; zitiert als: *Bearbeiter*, in: Britz/Hellermann/Hermes, EnWG

Büdenbender, Ulrich: EnWG – Kommentar zum Energiewirtschaftsgesetz, Köln 2003; zitiert als: *Büdenbender*, EnWG

Büdenbender, Ulrich: Ordnungspolitischer Vergleich der gesetzlichen Entflechtungskonzepte für die Transportnetzebene von Strom und Gas, in: Energie, Wirtschaft, Recht – Festschrift für Peter Salje zum 65. Geburtstag, Köln 2013, S. 33-54; zitiert als: *Büdenbender*, in: FS Salje

Bundeskartellamt: Zugang zu Netzen und anderen wesentlichen Einrichtungen als Bestandteil der kartellrechtlichen Mißbrauchsaufsicht, Berlin 1997

Bundesministerium für Wirtschaft und Energie: Versorgungssicherheit bei Erdgas – Monitoring-Bericht nach § 51 EnWG, Berlin 2019

Bundesnetzagentur: „Smart Grid" und „Smart Market", Eckpunktepapier zu den Aspekten des sich verändernden Energieversorgungssystems, Bonn 2011

Bundesnetzagentur: Diskussionspapier Blindleistungsbereitstellung für den Netzbetrieb, Bonn 2018

Bundesnetzagentur: Quartalsbericht Netz- und Systemsicherheit - Gesamtes Jahr 2020, Bonn 2021

Bundesnetzagentur; Bundeskartellamt: Monitoringbericht 2015, Bonn 2015

Bundesnetzagentur; Bundeskartellamt: Monitoringbericht 2020, Bonn 2021

Clark, John Maurice: Competition as a dynamic process, Westport 1961

Consentec GmbH: Beschreibung von Regelleistungskonzepten und Regelleistungsmarkt – Studie im Auftrag der deutschen Übertragungsnetzbetreiber, Aachen 2014; zitiert als: *Consentec*, Regelleistungskonzepte und Regelleistungsmarkt

Crossley, Penelope: Defining the Greatest Legal and Policy Obstacle to "Energy Storage", in: Renewable Energy Law and Policy Review 2013, S. 268-281

de Wyl, Christian Ringwald, Roman; Lange, Sebastian: Der rechtssichere Aufbau einer Ladeinfrastruktur im öffentlichen Raum, in: IR 2012, S. 280-284

de Wyl, Christian; Neveling, Stefanie: Regulierung der Zugangsbedingungen zu den Strom- und Gasnetzen, in: ZNER 2003, S. 182-189

Dieckmann, Birgitt: Engpassmanagement im Europäischen Strommarkt, Münster 2008

Dietrich, Michael: Wettbewerb in Gegenwart von Netzwerkeffekten – Eine kartellrechtliche Untersuchung des Wettbewerbs zwischen inkompatiblen proprietären Systemen, Frankfurt am Main u.a 2006

Dittmann, Frank (Hrsg.): Überwindung der Distanz – 125 Gleichstromübertragung, Berlin, Offenbach 2007; zitiert als: *Verfasser*, in: Dittmann, Überwindung der Distanz

Doetsch, Christian; Kanngießer, Annedore; Wolf Daniel: Netzintegrierte Stromspeicher zur Integration fluktuierender Energie – Technische Anforderungen, ökonomischer Nutzen, reale Einsatz-szenarien, Berlin 2011

Ehlers, Dirk (Hrsg.): Europäische Grundrechte und Grundfreiheiten, 4. Auflage, Berlin 2014; zitiert als: *Bearbeiter*, in Ehlers, Grundfreiheiten

EID Energie Informationsdienst: Untertage Gasspeicherung in Deutschland, in: EEK 2019, S. 415-420

Eisen, Joel B.: FERC's Expansive Authority to Transform the Electric Grid, UC Davis Law Review 2016, S. 1783-1849

Emmerich, Volker: Kartellrecht, 13. Auflage, München 2014; zitiert als: *Emmerich*, Kartellrecht

Energie-Forschungszentrum Niedersachsen: Studie Eignung von Speichertechnologien zum Erhalt der Systemsicherheit – Abschlussbericht, Goslar 2013

Energie-Forschungszentrum Niedersachsen: Eignung von Speichertechnologien zum Erhalt der Systemsicherheit, Goslar 2013

Fehling, Michael (Hrsg.); Ruffert, Matthias (Hrsg.): Regulierungsrecht, Tübingen 2010 zitiert als: *Bearbeiter*, in: Fehling/Ruffert, Regulierungsrecht

Fischer, Wolfram (Hrsg.): Die Geschichte der Stromversorgung, Frankfurt am Main, 1992; zitiert als: *Bearbeiter*, in: Wolfram, Geschichte der Stromversorgung

Flosdorff, René; Hilgarth, Günther: Elektrische Energieverteilung, 9. Auflage, Stuttgart u.a. 2005

Fraunhofer-Institut für Windenergie und Energiesystemtechnik; Institut für Elektrische Anlagen und Energiewirtschaft RWTH Aachen; Stiftung Umweltrecht: Roadmap Speicher – Speicherbedarf für erneuerbare Energien – speicheralternativen – Speicheranreiz – Überwindung rechtlicher Hemmnisse, Endbericht; Würzburg 2014

Fraunhofer Institut für System- und Innovationsforschung; Consentec GmbH; IFEU; Technische Universität Wien; M-Five; TEP Energy GmbH: Langfristszenarien für die Transformation des Energiesystems in Deutschland – Modul 0: Zentrale Ergebnisse und Schlussfolgerungen

Studie im Auftrag des Bundesministeriums für Wirtschaft und Energie; Karlsruhe u.a. 2017

Fritsch, Michael; Wein, Thomas; Ewers, Hand-Jürgen: Marktversagen und Wirtschaftspolitik – Makroökonomische Grundlagen staatlichen Handelns, 10. Auflage, München 2018

Grabitz, Eberhard (Hrsg.); Hilf, Meinhard (Hrsg.); Nettesheim, Martin (Hrsg.): Das Recht der Europäischen Union, Loseblattsammlung, München, Stand 73. Ergänzungslieferung Mai 2021; zitiert als: *Bearbeiter*, in: Grabitz/Hilf/Nettesheim

Grossman, Peter: Is Anything Naturally a Monopoly? in: Grossmann, Peter Z. (Hrsg.), Cole, Daniel H. (Hrsg.), The End of a Natural Monopoly – Deregulation and Competition in the Electric Power Industry, London 2003, S. 11-40; zitiert als: *Grossman*, in: Grossmann/Cole

Hartwig, Matthias: Öffentliche Ladestationen als Teil des Elektrizitätsversorgungsnetzes der allgemeinen Versorgung (Teil 1), in: ZNER 2013, S. 356-363

Hartwig, Matthias: Öffentliche Ladestationen als Teil des Elektrizitätsversorgungsnetzes der allgemeinen Versorgung (Teil 2), in: ZNER 2013, S. 475-482

Hayek, Friedrich: Der Sinn des Wettbewerbs, in: Hayek (Hrsg.), Individualismus und wirtschaftliche Ordnung, München 1952, S. 122-140

Heinrichs, Katrin: Der energierechtliche Netzzugang in der gerichtlichen und kartellbehördlichen Praxis, Hamburg 2005

Heller, Hans: Optimierung der energierechtlichen Rahmenbedingungen durch den Einsatz moderner Stromspeichertechnologie, in: EWeRK 2013, S. 177-188

Helmes, Sebastian: Netz oder Nicht-Netz? Die Stellung von Kundenanlagen im EnWG, in: EnWZ 2013, S. 23-27

Herrlinger, Justus: Das „Netz" in § 19 Abs. 4 Nr. 4 GWB, Köln u.a. 2003

Heuck, Klaus; Dettmann, Klaus-Dieter; Schulz, Detlef: Elektrische Energieversorgung – Erzeugung, Übertragung und Verteilung elektrischer Energie für Studium und Praxis, 9. Auflage, Wiesbaden 2013

Hirst, Eric; Kirby Brendan: Unbundling Generation and Transmission Services for Competitive Electricity Markets: Examining Ancillary Services, Columbus 1998

Hogan, William W.: Electricity Market Structure and Infrastructure, Cambridge 2008

Hoppe, Edmund: Geschichte der Elektrizität, Leipzig 1884

Höppner, Thomas: Netzveränderungen im Zugangskonzept – Verpflichtungen zur Anpassung der Infrastruktur im Rahmen des Essential Facilities-Konzepts unter Berücksichtigung US-amerikanischer Erfahrungen, Berlin 2008

Hunt, Sally: Making Competition Work in Electricity, New York 2002

Jacobshagen, Ulf; Kachel, Markus; Baxmann, Juliane: Geschlossene Verteilernetze und Kundenanlagen als neuer Maßstab der Regulierung, in: IR 2012, S. 2-8

Jungwirth, Johannes: Lastmanagement in Gebäuden – Entwicklung einer modellprädiktiven Regelung mit einem adaptiven Gebäudemodell zur Flexibilisierung der Wärme- und Kälteversorgung von Gebäuden, München 2014

Kearney, Joseph D.; Merill, Thomas W.: The Great Transformation of Regulated Industries Law, in: Columbia Law Review 1998, S. 1323-1409

Knieps, Günther: Netzsektoren zwischen Regulierung und Wettbewerb, in: Berg (Hrsg.), Deregulierung und Privatisierung – Gewolltes, Erreichtes, Versäumtes, S 59-69

Knieps, Günther: Wettbewerbsökonomie – Regulierungstheorie, Industrieökonomie, Wettbewerbspolitik, 3. Auflage, Berlin Heidelberg 2008

Kruse, Jörn: Deregulierung in netzbasierten Sektoren, in: Berg (Hrsg.), Deregulierung und Privatisierung – Gewolltes, Erreichtes, Versäumtes, S. 71-88; zitiert als *Kruse*, Deregulierung

Kühling, Jürgen; Rasbach, Winfried: Kernpunkte des novellierten EnWG 2011-Regulierungsausbau im Zeichen der „Energiewende", in: RdE 2011, S. 332-341

Kumkar, Lars: Wettbewerbsorientierte Reformen der Stromwirtschaft, Tübingen 2000

Lazar, Jim: Electricity Regulation in the US: A Guide, Montpelier 2016

Lehnert, Wieland; Vollprecht, Jens: Der energierechtliche Rahmen für Stromspeicher – noch kein maßgeschneiderter Anzug, in: ZNER 2012, S. 356-368

Leidinger, Tobias; Berger, Peter: Ausnahmen von der Regulierung: Zur Definition und Abgrenzung regulierungsfreier Tatbestände nach dem EnWG, (Zugleich Anmerkung zu EuGH, U. v. 22.05.2008 - Rs. C-439/06 -), in: RdE 2009, S. 161-170

Lipsey; Richard G. Lancaster, Kelvin: The General Theory of Second Best – The Review of Economic Studies Vol. 24, No. 1 (1956-1957), S. 11-32

Mahnke, Eva; Mühlenhoff, Jörg: Renews Spezial Nr. 57 – Strom speichern, Berlin 2012

Mätzig, Karoline: Das Recht der Elektrizitätsversorgungsnetze – Netzbetreiberpflichten zwischen unternehmerischer Eigenverantwortung und staatlicher Steuerung, Essen 2012

Meyer, Andrew H.: Federal Regulatory Barriers to Grid-Deployed Energy Storage, in: Columbia Journal of Environmental Law 2014, S. 479-557

Müller, Leonhard: Handbuch der Elektrizitätswirtschaft, 2. Auflage, Berlin u.a. 2001

Müller-Graff, Peter-Christian: Die wettbewerbsverfasste Marktwirtschaft als gemeineuropäisches Verfassungsprinzip?, in: EuR 1997, S. 433-457

Müller-Graff, Peter-Christian: Unternehmensinvestitionen und Investitionssteuerung im Marktrecht, Tübingen 1984

Papier, Hans-Jürgen: Durchleitungen und Eigentum; in: BB 1997, S. 1213-1220

Piece, Richard J.: Reconsidering the Roles of Regulation and Competition in the Natural Gas Industry, in: Harvard Law Review (1983), S. 345-385.

Posner, Richard: The Chicago School of Antitrust Analysis, in: 127 University of Pennsylvania Law Review (1978), S. 925-948.

Rasbach, Winfried: Unbundling-Regulierung in der Energiewirtschaft, München 2009

Riesenhuber, Karl (Hrsg.): Europäische Methodenlehre – Handbuch für Ausbildung und Praxis, 4. Auflage 2021, Berlin/München/Boston; zitiert als: *Bearbeiter*, in: Riesenhuber (Hrsg.), Europäische Methodenlehre

Riewe, Johannes; Sauer, Mirko: Einsatz- und Rechtsrahmen für moderne Batteriegroßspeicher. Eigenständiger Speichermarkt oder Modell der Netzbetriebsintegration?, in: EWeRK 2014, S. 79-96

Säcker, Franz Jürgen (Hrsg.): Berliner Kommentar zum Energierecht, Band 1, Halbband 1, 4. Auflage, Frankfurt am Main 2019; zitiert als: *Bearbeiter*, in: Säcker, BerlKommEnR

Salje, Peter: Energiewirtschaftsgesetz, Gesetz über die Elektrizitäts- und Gasversorgung vom 7. Juli 2005, Köln u.a. 2006; zitiert als: *Salje*, EnWG

Sauer, Mirko : Die Integration von Stromspeichern in den Netzbetrieb – Juristische Bestandsanalyse und aktuelle Reformbestrebungen, in: Innovatives Denken zwischen Recht und Markt, Festschrift für Hans-Peter Schwintowski, Baden-Baden 2017, S. 658-699; zitiert als: *Sauer*, in: FS Schwintowski

Schau, Götz-Friedrich: Wann ist ein Netz ein Netz? (1), in: IR 2007, S. 98-101

Schau, Götz-Friedrich: Wann ist ein Netz ein Netz? (2), in: IR 2007, S. 122-125

Schmidt-Preuß, Matthias: Netz, Preis und Regulierung im Energiesektor - die aktuellen Entwürfe für das Energiewirtschaftsgesetz 2004 und die Netzentgelt-Verordnung Strom, in: N&R 3/2004, S. 90-93

Schmitt, David; Stanford, Glenn: Energy Storage: Can we get it right?; in: Energy Law Journal 2018, S. 448-501.

Schroeder-Czaja, Hanna: Objekt- und Arealnetze (Teil 1): Neue Netzbegriffe vor dem Hintergrund des EnWG 2005, in: IR 2006, S. 50-54

Schroeder-Czaja, Hanna; Jacobshagen, Ulf,: Objekt- und Arealnetze (Teil 2): Privilegierung der Objektnetze gemäß § 110 EnWG, in: IR 2006, S. 78-84

Schröter, Helmuth; Jakob, Thinam; Klotz, Robert; Mederer, Wolfgang (Hrsg.): Europäisches Wettbewerbsrecht, Großkommentar, 2. Auflage, Baden-Baden 2014; zitiert als: *Bearbeiter*, in: Schröter (u.a.), Europäisches Wettbewerbsrecht

Schumpeter, Joseph: Theorie der wirtschaftlichen Entwicklung, Köln 1912

Schwintowski, Hans-Peter: Konfiguration und rechtliche Rahmenbedingungen für den modernen Batteriespeichermarkt, in: EWeRK 2015, S. 81-98

Schwintowski, Hans-Peter: Die Rolle von Stromspeichern im zukünftigen Marktdesign; in: EWeRK 2014, S. 271-273

Schwintowski, Hans-Peter: Kundenanlagen – das unbekannte Wesen, in: EWeRK 2012, S. 43-49

Schwintowski, Hans-Peter: Der Netzverbundvertrag, in: WuW 2001, S. 1042-1050

Schwintowski, Hans-Peter: Der Netzverbundvertrag: Dogmatik und Leistungsfähigkeit eines Modells, in: ZNER 2001, S. 215-223

Stein, Amy L.: Reconsidering Regulatory Uncertainty: Making a Case for Energy Storage, in: Florida State University Law Review 2014, S. 697-766

Marcus, Stronizk; Margarethe, Rammerstorfer Anne Neumann: WIK Diskussionsbeitrag Nr. 305 - Wettbewerb im Markt für Erdgasspeicher, Bad Honnef 2008

Theobald, Christian (Hrsg.); Kühling, Jürgen: Energierecht, Band 1, Loseblattsammlung, München, Stan 111. Ergänzungslieferung April 2021; zitiert als: *Bearbeiter*, in: Theobald/Kühling, Energierecht

Theobald, Christian; Hummel, Konrad; Jung, Christian; Müller-Kirchenbauer, Joachim; Nailis, Dominic; Zander, Wolfgang: RAN Gutachten zu Kosten der Beschaffung von Regel- bzw. Ausgleichsenergie mit Blick auf die kartellrechtliche Angemessenheit der Netznutzungsentgelte der RWE Net AG, Aachen und Berlin 2003; zitiert als: *Theobald (u.a)*, Gutachten Regelenergie

Tomain, Joseph; Cudahy Richard: Energy Law in a nutshell, 3. Auflage, St. Paul 2016

Tüngler, Stefan: Der Netzzugang in der Elektrizitätswirtschaft auf Grundlage des Energiewirtschaftsgesetzes (EnWG), Frankfurt am Main u.a. 2001

U.S. Department of Energy: Grid Energy Storage, Washington 2013

Vogt, Matthias: Die Kundenanlage nach dem neuen EnWG - europarechtskonforme Ausnahme von der Regulierung?, in: RdE 2012, S. 95-101

von Weizsäcker, Christian : Wettbewerb in Netzen, in: WuW 1997, S. 572-579

Voß, Nadine; Weise, Michael; Heßler, Pascal: Quo vadis Kundenanlage? Eine Auswertung der veröffentlichten Rechtsprechung, in: EnWZ 2015, S. 12-18

Wieser, Matthias: Entflechtung als Störfaktor im intelligenten Elektrizitätsverteilernetz?, in: EurUP 2011, S. 176-183

Williamson, Oliver: Economies as an Antitrust Defense: The Welfare Tradeoffs, in: The American Economic Review Vol. 58, No. 1 (1968), S. 18-36.

Zalewska-Głogows, Marta: A More Economic Approach to the Application of EU Merger Control, in: Adam Mickiewicz University Law Review (2015), S. 171-185

FSC
www.fsc.org
MIX
Papier | Fördert
gute Waldnutzung
FSC® C083411

Kolibri 360 GmbH
Ferdinand-Jühlke-Straße 7
99095 Erfurt, Deutschland
produktsicherheit@kolibri360.de